Quiero Vivir

Pensamientos de Vida

P. Mariano de Blas, L.C.

Para encontrar y adquirir más material de P. Mariano de Blas, L.C. visite: www.padremariano.net

Comentarios: mdeblas@arcol.org

INTRODUCCIÓN

Las actitudes son más importantes que los hechos. La forma de reaccionar frente a la vida puede transformar dicha vida. El afrontar los problemas sanamente puede convertirlos en soluciones.

Este libro tendrá razón de ser, si despierta, al menos en algunas personas, el deseo de cambiar su actitud de derrota y pesimismo en actitud de triunfo y alegría. Considero que la obra de misericordia más urgente para los hombres y mujeres de hoy, para los muchachos y muchachas de nuestro tiempo consiste en brindarles una razón para vivir. Porque muchos viven sin razón y demasiados mueren por agotamiento vital: cuando se quitan la vida, ya no se quitan casi nada, porque estaban muertos ya.

Dar razón para vivir, para sufrir y aún para morir, porque hasta el dolor y la muerte pueden aceptarse por una motivación tan formidable como es el amor. "Se es fiel sólo por amor, se es auténticamente feliz sólo en el amor, se es idéntico sólo amando". El amor es la respuesta, es el por qué, es la primera y la última palabra.

Estas sencillas páginas no pretenden ofrecer grandes soluciones, sino pequeños sorbos de optimismo, de interés por la vida; pretenden arrancar una sonrisa a rostros en los que ha cicatrizado la tristeza. Pretenden señalar con el dedo al caminante triste las flores bellas que crecen junto al camino de la vida; Pretenden sembrar en algún corazón semillas de esperanza.

Todavía tenemos derecho de sonreír, de esperar, de amar, de ser felices. Los que se hunden en el pesimismo alegan sus razones, razones que no quieren cambiar. Pero el amor es más grande. Y cualquier ser humano, si quiere, puede amar, y así redimirse. Dios es amor. El hombre debe hacer un esfuerzo gigantesco por arrancarse lo inhumano: el odio, la desesperación, el egoísmo brutal, la envidia diabólica, el materialismo seductor. Y debe, por otra parte, luchar por revestirse de lo divino. Lo divino es el amor.

Reto a cualquier indiferente, a cualquier amargado y

cansado de vivir a que ame un solo día con todas sus fuerzas a Dios, a su familia, a su prójimo y aún a los animales, plantas y cosas. Si le va bien, que lo practique durante una semana. Si la semana se le vuelve celestial, que se decida a amar toda la vida. Al fin y al cabo la felicidad total y eterna del cielo consistirá en amar y ser amado infinitamente y para siempre.

P. Mariano de Blas, L.C.

1

UN AÑO DE GRACIAS

Un año ha pasado
y con él 365 días maravillosos.
En ellos sufrí, me alegré,
caí y ascendí montaña arriba.
Mirándolos hoy desde la cima,
bendigo al buen Dios,
que me dio la gracia de vivir.
Hoy mi cielo es más azul,
mi horizonte se ha ensanchado,
y cargando mi zurrón de pastor
miro hacia el camino que me espera
con inmensa esperanza.

2

ENTUSIASMO DE AYER Y DE HOY

El entusiasmo es el ingrediente mágico
para vivir una vida de maravilla.
También hoy quiero llenar mi cántaro
de ese divino tesoro
para luego regalarlo a manos rotas
entre mis hermanos.
Dame el entusiasmo de los niños,
la alegría de los almendros en flor,
el canto feliz del ruiseñor,
la suavidad de la brisa al amanecer,
la nostalgia de una puesta de sol.
Dios de la vida,
llena el corazón de la alegría de vivir,
de la felicidad de trabajar
para mejorar un poco nuestro mundo.

3

SUEÑOS DE INFANCIA

Creo que algún día mi sueños de infancia
se harán realidad:
Ser un buen hijo de Dios,
amar mucho y bien,
hacer felices a manos llenas a mis hermanos,
llegar al cielo, tu cielo y el mío,
con miles y miles...
Creo que un día mi pobre barquilla
golpeada por olas y vientos,
con las velas aún vivas,
llegará a la otra orilla,
la de tu Reino.
Besaré esa tierra con amor
para decirte con el corazón entero:
¡Gracias, porque me dejaste soñar,
y realizar mis sueños de niño!

4

VIVE HOY

Mañana, si Dios lo permite,
vendrá otro sol, otras horas,
otra tarea de 24 horas, breve, por tanto,
y sentiré renacer dentro de mí
el propósito de amar y vivir en plenitud
esa nueva y breve vida.
El maravilloso día de hoy no volverá.
Tómalo en las manos
bébelo a raudales,
llénalo de sentido y amor.
Estrena hoy la vida,
estrena tu amor,
alégrate de empezar a vivir.
Y esto hazlo todos los días.
Eso es vivir.

5

ESTRENAR UN DÍA

Cada día lleva en sí
la hermosura y el encanto de lo nuevo.
Cada día es una nueva vida.
Nuevo el despertar, nuevo el amor,
nueva la esperanza.
Yo prefiero estrenar la vida y el amor
cada mañana.
Otros estrenan el odio, la muerte.
Dicen algunos: estoy comenzando a morir.
Yo prefiero decir cada mañana:
Estoy empezando a vivir.

6

SIEMPRE SUBIR

La vida del hombre
debe ser un subir,
debe ser un superarse de continuo,
un no resignarse al muladar.
Subir, siempre subir,
querer ser otro, distinto, mejor...
Mejor en lo humano,
mejor en lo intelectual
y en lo espiritual.
Cuando uno se para, se enferma.
Cuando un se para definitivamente
ha comenzado a morir.

7

ORDEN DE PRIORIDADES

Lo más duro de una agenda
es atacar los asuntos
por orden de prioridades,
porque los asuntos más importantes
suelen exigir un gran esfuerzo.
Esa es la razón por la que se van dejando
para luego, para luego y para nunca.
Al final
no hay más remedio que hacerlos,
pero con intereses muy sobrecargados
de ansiedad y tensión.

8

PERSEVERAR ES DIFÍCIL

Prediqué sobre la perseverancia,
la difícil y necesaria virtud
que no todos alcanzan.
Basta mirar hacia atrás
para ver el camino sembrado de cadáveres.
Muchos compañeros inteligentes
y mejores que tú,
comenzaron juntos,
iban en el mismo barco,
lleno el corazón de anhelos sublimes,
las velas hinchadas al viento de la ilusión...
Pero hubo tormentas y ciclones,
y se fueron cayendo por la borda.

9

DIOS PUEDE TODO

Dios sabe convertir un negro pasado
en brillante porvenir.
No hay cosa, por negra y triste que sea,
que no pueda Dios convertir en santidad.
¿Qué le cuesta a Dios
hacer de ese basurero un jardín,
y de ese montón de ruinas un castillo
donde Él se sienta divinamente a gusto?
Cada pecador convertido -y son tantos-
es una obra maestra
edificada sobre las ruinas...
Si eres un hombre o una mujer en ruinas,
pide al divino arquitecto
que construya sobre tu vida derruida
un hombre santo, una mujer santa,
como Zaqueo o María Magdalena.

10

FIESTA DEL SAGRADO CORAZÓN

Fiesta del corazón más amante del mundo,
el de Jesús de Nazaret.
El corazón de un Dios
para amarte toda la eternidad:
te ha amado, te ama,
y te amará siempre.
Esa es tu fuerza, tu luz,
tu felicidad y la mía.
Por eso, al celebrarlo hoy,
quiero ponerme de rodillas
para repetir siempre:
Es eterna tu misericordia;
y para escuchar también siempre:
"Te amé con un amor eterno"

11

MOZART

Me gusta mucho la música clásica:
Beethoven, Haendel, Bach, Verdi...
Pero uno que nació en Salzburgo,
que vivió sólo treinta y cinco años
y murió mártir de la música,
me gusta como nadie: Mozart.
Su música cura, inyecta alegría
y hace respirar aires de primavera.
Y hasta me inspira para escribir;
porque da casi lo mismo
cantar un mensaje
que traducirlo a palabras.

12

EL MAR

¡Ay de mí si me conformo con un sillón
para sentirme el gran señor!
Prefiero los mares, los barcos,
redes y anzuelos,
no sillones cómodos,
sino el suelo inestable de la mar.
Unas tablas por sillón,
sudor de sal en la frente,
brisa que curte el rostro
y la alegría de una red repleta de peces.
Me gusta la inmensidad del mar
de color azul.

13
POR AMOR TODO SE PUEDE

Por amor todo se puede:
Dar un año, dos y la vida entera.
Sin amor, nada.
"Tengo una vida
-gritaba un alma enamorada-,
tengo una vida y entera se la doy.
Pero, si tuviera mil vidas,
las mil se las daba".
Teresa de Jesús,
la santa de los surcos de Castilla,
la santa del infierno y el éxtasis
sabía de qué estaba hablando.

14

LA GENTIL PASTORA

Paso a paso ha seguido su calvario...
Ella ha puesto en sus labios resecos
la gota de agua fresca,
Ella ha secado sus lágrimas amargas,
ha aliviado su fiebre.
Le ha levantado del suelo
cuantas veces lo han atropellado
con la calumnia.
Y lo vemos entero gracias a una Madre
que ha sabido cuidarlo,
gracias a esa canción: "Todo tuyo",
que Juan Pablo II ha sabido cantarle a María,
la gentil pastora
que le guió hasta el fin.

15

VIVIR CON ESPERANZA

Vivir sin fe y sin esperanza
es como estar muerto.
Creo en la fe, en la esperanza.
Por eso me esfuerzo en practicarlas.
Siempre que tuve fe
como un grano de mostaza,
conseguí lo que me propuse.
Esa fe está al alcance de tu mano
siempre que lo desees.
Y puedes conseguir
todo lo que te propongas,
si eres capaz de tener esa fe encendida.
Puedes, si crees que puedes.

16

POBRE EUROPA

Ya no es la cruz, ni la espada, ni la catedral
el emblema de la vieja Europa.
Hoy lo es a veces el vino, el sexo y la decepción.
Tu juventud ha muerto;
descanse en la paz de los cadáveres.
Vieja Europa,
¿podrá surgir de tu tronco
una rama de esperanza
y una nueva juventud?
Juan Pablo II, profeta de pueblos,
te hace la pregunta
desde tu grandeza de ayer.

17

ENCENDER CORAZONES

Gran don debe ser la capacidad de encender
un sueño hermoso en un corazón.
Predicar no es más que eso:
encender los corazones en deseos del cielo,
del amor de Dios y sus hermanos.
Tú eres predicador.
Debes aprender el arte y el oficio
de encender ideales.
No tienes derecho a aburrir a la gente,
mucho menos usando
como pan de aburrimiento
la palabra de Dios.

18

Proponerse una Meta

Proponerse una meta no es
el simple y común "quisiera"
o "me encantaría", que no supone lucha,
sino una declaración de guerra,
en la que uno se va a jugar el tipo
para ganar dicha meta.
Cuando me he propuesto una meta seriamente,
he luchado, he creído, he sido tenaz,
he cerrado los oídos
a los profetas del "no se puede",
he obtenido una victoria.

19

DE NOCHE EN TENANCINGO

Llegó la noche y, con ella, los grillos
y la tormenta.
Desde mi ventana abierta
estuve contemplando sin hartarme
las luces de Tenancingo
y las amenazas luminosas
de los relámpagos sobre el valle.
Llovía y llovía,
mientras un vientecillo fresco
alborotaba la lluvia.
Yo rezaba el rosario a mi Madre de la noche
sintiéndola tan cerca de mí,
como cerca estaban aquellas luces,
y la noche y la tormenta.

20

RENOVAR LA LLAMA ANTIGUA

¿Qué renovamos en la vida?
¿Los restos de un naufragio?
¿Una promesa vieja, podrida, muerta?
Se renueva el primer amor,
la fe sencilla de un niño
en su primera comunión,
la mejor obra de bondad que realizamos.
Renovamos la llama antigua,
pero idéntica a sí misma,
añadiendo leña nueva
que huele a recién cortada de la montaña.
Llama antigua, perenne, con leña de hoy.
Se renueva lo que vive,
si bien, no totalmente,
para que viva y vibre
con toda la fuerza del primer amor.
Gran parte de la vida consiste en renovar,

en refrescar, resucitar los grandes amores,
las profundas motivaciones
de la existencia.

21

UNA IDEA VIVIDA

De poco sirve leer muchos libros
de cómo lograr éxito en la vida
si no se practican.
Una idea hecha realidad
vale más que mil en la cabeza.
Cuando las ideas andan en el cerebro
son como los objetos
detrás de un escaparate.
Cuando las practicas,
esos objetos te pertenecen,
son de tu propiedad.
Vale más una idea vivida
que miles de libros en la biblioteca.

22

UN GRAN DÍA

Qué limpios y entusiastas son los días
en que alma y cuerpo despiertan
al mismo tiempo y con todo el vigor.
Un poco de confianza
te basta cada mañana
para convertir un nuevo día
en un gran día.
Y, si a la confianza unes el entusiasmo,
tanto mejor.
Todos lo días son buenos
si aprendo a colocarlos
en las manos de Dios.

23

VAMPIROS DEL ALMA

Deja entrar los pensamientos negativos,
los vampiros del alma,
y verás cómo devoran tu corazón a pedazos.
Y una vez que la emotividad
se corrompe y se pudre,
se quiere uno morir.
Nuestra vida es la obra
de nuestros pensamientos.
En vez de vampiros
deja entrar mariposas blancas,
pensamientos de esperanza.

24

NO VACILANDO NUNCA

Cuando le preguntaron a Alejandro Magno
cómo ganó el mundo, respondió:
"No vacilando nunca".
Vale para Alejandro y para ti.
Primero pensar muy bien una meta
y luego decidirse a conquistarla
con todas las fuerzas del alma
y del cuerpo.
Los obstáculos se interponen,
la prudencia humana gritará: "¡Peligro!";
querrá el ánimo doblarse,
la fe quebrantarse,
pero no hay vuelta atrás.

25

LO QUE IMAGINAS

Cuidado con lo que imaginas,
porque puede convertirse en realidad.
Es muy fácil convertirse en tigre
en la imaginación.
Resulta muy agradable
ganar encarnizadas batallas
en la pura fantasía.
Y lo que se gana en la fantasía
se puede ganar en la realidad.
También es cierto que,
si en tu imaginación maleada
pierdes una batalla,
acabes perdiéndola de verdad.

26

¿QUÉ ES LA VIDA?

La vida es una aventura apasionante.
Yo la disfruto o la malgasto,
la vivo en plenitud o en desventaja.
Si no la has vivido en plenitud,
es porque te resignaste,
te resignaste a sobrevivir.
Pero las raíces más profundas de tu ser,
se alimentaban de niño de savia celestial.
Luego vino el desencanto, la apatía,
el asco y la náusea.
Desde tu cárcel espiritual,
detrás de los duros barrotes,
grita con todo tu cuerpo
que quieres ser libre.

27

COTIJA EN NOVIEMBRE

Cotija en noviembre tiene embrujo:
sus noches de luna llena y cercana,
los gallos al amanecer,
las campanas del reloj de la iglesia
y el campo verde, tierno,
que se deja querer.
Quiero a Cotija en las cuatro estaciones
Porque, cuando la visito,
sólo miro lo que me gusta;
quiero ver sólo el alma de este pueblo,
sus buenas gentes, sus paisajes
y las torres de la Iglesia.
Por eso quiero volver a ese pueblo.
Subí por un sendero
a la colina de enfrente
para contemplar mejor el sol poniente.
Hasta mí subían canciones bellas,

el humo de las casas
y el ruido de la chiquillería.
Cotija de la Paz
en una tarde de otoño
se quedó en mi corazón.

28

PASCUA FLORIDA

Estamos en Pascua Florida,
pero muchos hombres
no sienten en su alma
la primavera de Cristo.
Derrotados, moribundos,
temerosos del futuro.
Les da miedo vivir,
aunque a poca distancia tienen
al que es fuente de aguas vivas.
Muriendo de sed al borde de la fuente.
La falta de fe viva
es como tener el pozo
y no tener el cubo con qué sacarla.

29

LLUVIA QUE LAVA

En abril aguas mil.
Los campos, agradeciendo a su manera,
cambian su parda estameña
por un vestido muy verde.
Nubes espesas ocultan el sol,
que a ratos brilla como nunca,
como con cara lavada.
El milagro de la lluvia en los campos.
¿Algún tipo de lluvia
podría transformar
el alma seca y triste de los hombres
en rostros de resucitados?
Es una lluvia que viene del mismo lugar,
del cielo, y se llama oración.

30

MÉXICO LIMPIO

¡Cuántas veces vamos al campo
en busca de un rincón de naturaleza limpio, verde,
y encontramos allí, inconfundible,
el paso del hombre,
del hombre sin educación!
La cultura de un pueblo también se detecta
en la limpieza de sus parques,
de sus lugares de recreo,
en sus campos y en sus bosques respetados,
en sus ríos y en sus fuentes de agua clara.
El amor a México también se demuestra
amando un poco a sus árboles,
a sus ríos y a sus campos.
No pises esa rosa, no rompas la rama,
deja limpio el riachuelo,
no mates el pajarillo, dámelo...

31

LEVANTARSE SIEMPRE

Santo no es el que nunca cae,
sino el que siempre se levanta.
Si caer es de todos,
levantarse es de santos.
Por desgracia muchos días
te levantas de la cama,
mas no te alzas de la mediocridad;
sigues acostado en el basurero
sintiéndote identificado y a gusto
con los montones de basura
que te sirven de almohadón.

32

¡QUÉ ALEGRE ES VIVIR!

¡Qué alegre es la vida
cuando se sabe vivir!
Fuera del sepulcro,
fuera de la cueva oscura y lóbrega.
A la luz del día,
de la vida auténtica y plena.
Resucitar: recobrar las fuerzas interiores
y dejar a tus corceles
galopar por el camino abierto.
Vivir es amar,
es tener un secreto para trabajar,
una razón y un por qué.
Vivir es rebosar de entusiasmo,
es tener fe.
Así has vivido tú
algunos sublimes momentos.

33

MAESTRA DE CANTO

A Caruso, el famoso tenor,
le dijo su maestra de música:
"Tu voz es como el ruido del viento
en las persianas".
Dictamen injusto, sin amor
para un pobre niño
que se esforzaba por cantar.
Pero su madre secó las lágrimas de aquel niño
y le convenció de que sería un gran cantor.
Descalzo acudía a sus clases
para ahorrar zapatos y pagar su cuota.
Y fue el mejor tenor de su tiempo.
Por fortuna no todas las maestras de canto
y de otras materias piensan como aquélla.
Gracias a ellas hay muchos Carusos.

34

COSAS QUE VALEN

Se podría decir que has comenzado
casi todas las cosas que en la vida
valían la pena:
una lectura, un idioma, una profesión,
hasta la santidad.
Pero te pareces a esos jugadores
que comienzan ganando un partido,
por el fuego que derrochan al inicio,
pero se desinflan luego
y terminan perdiendo.
¿Arrumbados en el desván
han quedado tus lecturas, tus idiomas,
la profesión y la santidad...?
¿No serás capaz de comenzar y concluir
por lo menos lo que cuenta para el más allá?

35

ALCANCÍA ETERNA

El tiempo pasa.
El tiempo ha pasado.
¿Cuántos ahorros hay depositados
en mi alcancía?
Si hubiera vivido mejor,
los dividendos serían muy altos.
Pero he elegido un vivir
con mucha prudencia, de la mala.
Poco riesgo, poco amor,
mucha morralla que pesa y no vale.
Los billetes gordos, los que valen,
los manejan los santos.
Y yo no soy santo.

36

VALLE DE BRAVO

Detrás del lago duermen los montes
envueltos en brumas.
Pinos elegantes, copudos,
asustados de ver sembradas a sus pies
cientos de casitas de campo,
que son un primor.
Tejado a dos aguas,
madera y ladrillo ensamblados
en rústica elegancia,
un jardín cuidado con mano cariñosa,
veredas que llevan a la paz del espíritu.
Abajo, en lo hondo, está el lago dormido,
soñando como un remanso de paz.
Valle de Bravo...

37

Espinas o Rosas

La vida podría ser
una aventura apasionante.
A veces la he tomado como un castigo,
la he imaginado terrible y dura,
y me he clavado las espinas.
Pero podría convertirse en otra cosa,
mil veces más bella, atractiva y fascinante,
si supiera convertir
las punzantes espinas en rosas,
con un poquito de amor
y de entusiasmo.

38

SABER VIVIR

Cada uno construye su vida como quiere.
Algunos amargan su existencia:
lo dicen y lo hacen.
¡Pobrecillos! Su vida es un penar,
es una amargura inacabable
que termina con la muerte.
Pero otros convierten los días de su peregrinar
en una maravilla, digna de vivirse.
Saben gozar, saben amar,
saben vivir.
¡Felices, envidiables!
Lo que convierte la vida en maravilla
es obra del amor.
Todos podemos amar,
amar mucho y bien,
si queremos.

39

PASEO A LA MONTAÑA

Entre umbríos bosques,
con el agua blanca, fresca y pura a la mano,
caminamos por veredas húmedas
monte arriba.
El agua caía espumante y en torrente
desde la cima,
formando pequeñas cascadas rumorosas.
Es casi un milagro ver pasar
junto a los pies
un río de aguas claras, no contaminadas.
Hoy ha sucedido el milagro...
La felicidad del agua clara
nos contagió de nostalgia pura.
Bajamos de la montaña
entonando viejas canciones de la infancia.

40

RANCHO "POCASANGRE"

Iban mis ojos hacia las nubes
que recortaban el cielo azul;
a las montañas de enfrente,
tan verdes y tupidas de vegetación;
a las casitas de los pueblos ribereños
de tejados rojos;
al lago de aguas claras,
en que viajaban tranquilas las garzas;
a todo el valle, que gozaba
de tan profunda paz,
que yo sentía cómo penetraba
por los poros de mi cuerpo
y me llegaba al alma.
Paz de los Valles...

41

ERES LO QUE AMAS

¡Qué distinto es realizar las cosas por amor que por obligación.!

A veces uno hace las cosas obligatorias,

pero el amor brilla por su ausencia.

Tantas otras, el amor se supone,

pero no existe.

Y las más vive moribundo,

enflaquecido, que da pena.

El amor transforma todo:

Arranca sonrisas, descubre diamantes,

vuelve felices a los hombres.

Amar y ser amado es el sueño de los niños

y de los grandes.

Eres lo que amas.

Vives o mueres del corazón.

42

CEMENTERIO DE TENANCINGO

Fuimos de noche
al cementerio de Tenancingo
el dos de noviembre.
Se veía con dificultad,
porque las veladoras junto a las tumbas
estaban agotándose.
Pero olía a perfume de muchas flores:
nardos, rosas, claveles, azucenas…
El cementerio, el dos de noviembre,
es un bellísimo jardín
que reúne a los familiares en oración,
recoge todas las flores de los jardines
y eleva al cielo las más bellas plegarias.

43

Mártires de Tlaxcala

El Papa vino a elevar a la gloria
de los altares
a tres niños de Tlaxcala.
Mártires de la fe,
escribieron con sangre
su fidelidad a Jesucristo.
Hoy esa fe la venden muchos
por un plato de lentejas.
Ellos no la vendieron;
pagaron con su vida
para que no se la robaran.
Tu fe vale lo que pagas por mantenerla.

44

SOLO DIOS BASTA

El Papa vino a decirnos otra vez
que Dios es el único capaz
de hacer felices a los hombres,
a los de México y a los del mundo.
Las otras cosas: el placer,
el dinero, el poder
sólo llenan por un rato.
Dios sacia nuestra hambre
y nuestra sed toda la vida.
Como santa Teresa decía:
"Quien a Dios tiene, nada le falta.
Sólo Dios basta".

45

No Basta

No basta ir a misa los domingos
ni rezar de vez en cuando
a los pies de la Guadalupana.
Está bien recibir los sacramentos algún día,
pero no es todo.
A quien ha dado su vida por ti,
no basta darle las gracias y seguir de frente.
A quien te ha amado hasta la cruz,
debes amarlo más que a nadie,
siguiendo sus mandamientos.
No es más cristiano
el que más veladoras enciende
en la Iglesia,
sino el que ama a su prójimo
como a sí mismo
y a Dios con todas las fuerzas de su alma.

46

AMAR COMO NIÑOS

Por sus frutos se conoce el árbol,
y por sus bondades se conoce la Bondad.
Dios es amor.
Me lo canta el pajarillo mañanero,
me lo susurra el viento en los pinos,
me lo grita, con sus rugidos, el mar;
los latidos del corazón cada segundo
me cuentan que Dios me ama.
Y pensar que muchos ponen en duda
ese infinito, personal,
omnipotente amor de Dios.
Dime, Señor, cuánto me amas,
dímelo por medio de las creaturas.
Y que yo aprenda a amarte como los niños,
que no preguntan cómo ni por qué:
sólo aman.

47

Santa María de la Cascada

Este rincón de la naturaleza
me ha mantenido joven y entero.
En ratos perdidos
he subido a las montañas.
He hablado a solas con mi Dios
entre los árboles del bosque.
Me he sentido feliz junto a la cascada,
rezando salmos cerca de la gruta de la Virgen,
paseando por las avenidas empedradas
y los senderos silenciosos,
y junto al riachuelo.
Y he sentido los pasos de Dios
por el bosque y por mi alma.

48

A UN PASO

Dios es abismo de Amor,
torrente de felicidad,
éxtasis de la vida.
Tenerlo tan cerca
y morirse de hambre,
la fuente a unos pasos
y morirse de sed,
la hoguera alumbrando en torno
y morirse de frío.
El amor cerca del corazón…
Sólo unos pasos tenía que dar...
Vivir cerca de la luz
y morir en el túnel de las tinieblas...
De seguro hay una iglesia
cerca de tu casa, y allí está Él...

49

TE QUIERE TODO EL MUNDO

Ha sido verdad cuatro veces en esta nación
lo que la gente gritaba por las calles y plazas:
"Juan Pablo II, te quiere todo el mundo".
Y de México ha marchado
con menos peso a sus espaldas,
más rejuvenecido.
Las futuras espinas,
las balas a traición,
y el odio inexplicable
tendrán siempre como compensación
el cariño y las rosas de México.

50

ESCUCHAR CON EL CORAZÓN

Algunos dijeron que el pueblo vio al Papa,
gritó: ¡Viva el Papa!,
pero no le escuchó.
Yo prefiero decir que el pueblo de México
escuchó con el corazón su mensaje.
De poco sirve oír enteros los discursos
y dejarlos en el frigorífico del intelecto.
Pero, si ese pueblo ha escuchado
con el corazón
una pequeña ración del mensaje,
lo hará vida de su vida.

51

LIMOSNITA DE AMOR

Si el arte de vivir es amar y ser amado,
ahí tengo dos amigos
que siempre me han querido
y a los que yo no he sabido amar:
Jesús y María.
Una breve visita, un corto detenerme,
un pequeño gesto de cariño,
un mirar y ser mirado,
un alargar la mano,
y dar la limosnita diaria de amor.

52

ERA UN NIÑO QUE REZABA

Era entonces un niño
que confiaba sin pestañear;
un niño que, al rezar, lloraba
como el más pobre.
Sabía pedir, lloraba pidiendo,
porque sentía la máxima impotencia en mí,
y la máxima seguridad en Él.
¿Habré crecido demasiado?
¿Es que ya no tengo alma de niño?
¿Es que se ha roto mi confianza en Él?
Porque ya no sé rezar.

53

MILAGRO DEL AGUA

Esas laderas tan áridas,
que olían a polvo,
ahí están, para gozo de la vista,
tan verdes como debieron estar en el Edén.
A golpe de aguaceros,
cambia radicalmente el campo de México.
A golpe de aguaceros
de buenos pensamientos,
el alma reverdece, vuelve a florecer,
pero se vuelve árida, miserable,
a base de pensamientos tristes.

54

ACTITUDES SANAS

Actitudes sanas llamo yo,
entre otras, al entusiasmo,
que acomete las cosas difíciles
con el corazón en llamas;
al sentido positivo,
que se empeña en ver de colores bellos
las cosas y problemas arduos;
a la fe tenaz,
que se considera a sí misma omnipotente
ante los problemas y las metas difíciles.
Las actitudes sanas dan salud,
curan al alma
y contagian de alegría
al hombre sin esperanza.

55

OJOS LIMPIOS

Mirado con ojos limpios
todo cambia de color.
Por ejemplo se pueden convertir
los ratos de oración en paraíso del alma.
Se puede, si se ama,
se puede, si se tiene hambre y sed
del Dios que alegra nuestra juventud;
se puede, si tiene uno entrañas de ternura
y gratitud
para el Amor de los amores.
Vendo colirio
para purificar los ojos
de los tristes, pesimistas,
de los hombres sin esperanza.

56

VUELO DE ÁGUILA

Poco a poco vas rompiendo
tu cascarón de pollito timorato
y te vas cubriendo de plumaje de aguilucho.
Me emociona el águila real
y me miro a mí mismo
en ese pájaro de las alturas
y de los picachos.
Me produce sufrimiento
el sólo pensar en las aves de corral.
Quiero ser águila de las alturas,
del cielo azul, del alto vuelo,
embriagarme de luz
y de abismos.

57

TODOS PUEDEN

Eso que yo hago: luchar y fracasar,
empeñarme y arañarme
y caerme de cansancio
y estirar la fe en la esquiva victoria,
¿quién no lo puede hacer?
Si el tiempo que se emplea
en maldecir el destino
y en creer que es imposible la tarea,
en trabajar se empleara,
algún fruto aportaría.
Ya sé que no se puede...
pero yo lucho por las metas imposibles.

58

LUCHA Y FE

Si no lucho,
me tendré que resignar
a lo de siempre,
a las fáciles excusas,
a los no puedo pusilánimes,
a nada.
Si después de pelear, no logro el objetivo,
otra cosa será.
Pero sé, por experiencia,
que cuando la fe va por delante
y por detrás la lucha sin cuartel,
se atrapa la victoria.
Lo he visto, lo he tocado con la mano;
y no me van a convencer de otra cosa
los resignados a la derrota.

59

FIESTA DE MUCHOS VALIENTES

Uno de noviembre.
Fiesta de muchos,
de muchos valientes,
de valientes que ganaron a pulso
un galardón eterno.
Quiero encontrarme un día
en la fila de bienaventurados
que van llenando los escaños de la gloria.
Son de todas las edades,
de todos los tiempos,
y aún no concluyen las entradas.
Todavía hay tiempo de alcanzar un lugar,
mi escaño vacío que me espera.

60

SER OTRO CRISTO

Ser otro Cristo en este mundo
es la tarea más bella y fascinante.
Pero provoca miedo.
Todos sienten lo mismo.
Tengo que salir a las calles
a perdonar a los hombres
en nombre de Cristo,
a celebrar la Eucaristía
en nombre del Redentor,
y, por la noche, desde un rincón
arrodillarme y suplicar,
como el publicano,
que tenga piedad de mí.

61

EL PAPA SE FUE

El Papa se ha ido,
pero el Papa se ha quedado
en forma de pregunta, de inquietud,
en muchos corazones.
Su paso por esta tierra ha soplado
sobre la ceniza que cubría
el rescoldo de la fe,
y ha encendido nuevas llamas
de amor y de entusiasmo
por Jesús y por María Santísima de Guadalupe.
El paso del Papa por México
ha dejado una huella imborrable,
y a él le ha añadido
un poco más de vida.
De tanto querer a México, Juan Pablo II,
te has vuelto mexicano.

62

JESÚS Y MARÍA

En mi casa viven,
a un paso de mi cuarto.
No cuesta gran cosa visitarles un minuto,
en la capilla,
darles los buenos días,
pedirles una misericordia para la jornada.
Esas alegres visitas,
esos pequeños momentos,
robados a mi apretada agenda,
han inyectado vigor y esperanza
a mi alma triste,
me han devuelto la paz,
la paz de mis días,
la paz de mis noches.

63

Tú Eres Eterno

Tú eres eterno y esperar no te cansa.
Tú nunca dirás que estás harto o triste
o desesperado.
Tú eres la esperanza, la juventud eterna,
la alegría permanente.
Tu amor no se marchita
con mi tenaz resistencia.
Yo sé, Señor,
que siempre eres más grande
que mis enormes miserias,
que tu misericordia supera con mucho
mis innumerables pecados,
porque eres El Amor.

64

MIRARSE A LOS OJOS

"Amad, como si todavía no amaseis nada",
-se nos pide-.
Amad con el primer amor,
ese divino fuego inocente, fortísimo,
que despunta
cuando se descubre, de repente,
el objeto amado.
Vivid como enamorados de los buenos,
de los que podrían mirarse a los ojos
sin cansarse nunca,
de los que se aman como el fuego
que es purísimo y fortísimo.
Se puede mirar eternamente
a los ojos de Dios,
sin cansarse jamás...

65

HISTORIA DE AMOR

La vida de un cristiano
es una historia de amor.
Cristo es mi amor,
mi grande y único amor
y la única razón de mi existencia.
El que me hace feliz cada día
y tiene una eternidad en el cielo para mí.
Nunca lo he visto
y me he enamorado de Él.
¿Qué sucederá cuando lo vea cara a cara,
sin que nada ni nadie me lo pueda quitar?

66

AMAD MEJOR

"Amad más que en el mundo,
amad mejor".
¡Cuántas cosas en el mundo
se llaman amor!
Cuántas, que son basura,
llevan etiquetado
el divino nombre del amor.
Amad mejor: con pureza angélica,
con dolor total,
con finura y delicadeza,
con éxtasis.
El amor debe incendiar las casas religiosas
y debe mantener encendidos los conventos.
Si no... que se cierren.

67

AMAR LA NATURALEZA

Amad a los cielos
a los que casi ni miran los hombres;
amad el sol y la luna y las estrellas
que hablan tan bellamente del Amor.
Amad los campos y las flores ,
dejados con tanto cariño
para alegría de nuestros ojos.
Amad las aves, los valles,
los mares y ríos...

El viento susurra al oído
la voz del Amado.
Las estrellas en la noche tranquila
me recuerdan que su amor es eterno
e inmenso como el firmamento.
Una hierba en la pradera canta a su modo
que tiene su dueño.
Los amaneceres y puestas de sol

no pasan desapercibidos

al verdadero enamorado.

68

AMAR SIN DETENERSE

El amor más entrañable
el más puro y más valioso
es el que se ofrece sin pasar factura.
Consiste en hacer felices a los hombres
sin buscar compensaciones.
Ser una senda, un camino sin piedras
con paisajes a los lados,
un camino que acorta distancias,
y que se recorre muchas veces
de acá para allá y de allá para acá,
hasta volverse familiar y amigo;
pero un camino que se atraviesa
y se olvida.
El apego contamina.
El desprendimiento purifica.
Amadlo todo intensamente,
pero seguid adelante.

69

AMOR CON AMOR

"¿Qué tengo yo, que mi amistad procuras?"
preguntaba el poeta.
Que el amor de Dios existe,
nadie lo puede negar;
que es un amor extraordinario, tampoco.
"La Eternidad nos ama,
la Inmensidad nos ama", decía san Bernardo.
Amor con amor se paga.
Así como es cierto que Dios te ama,
también es cierto que te pide
una respuesta de amor.
Ama todo lo que puedas,
y como mejor sepas;
y habrás cumplido.

70

RUMBO AL SOL

Espantado estoy
de lo que puede sucederle a un hombre,
por optimista que sea,
si se deja carcomer por sus pensamientos.
Tiempo hubo en que cultivando
las buenas ideas,
tus jardines florecieron.
La vida se tornaba dichosa y amable.
Mas ahora prevalece la nube,
el gris, la monotonía.
De aquí a morir de hastío
es cuestión de años
o quizás de meses.
Da un golpe de timón
y endereza el rumbo hacia el sol
y la alegría de vivir.

71

ORO Y BARRO

Tanto se ha escrito de Mozart
con el corazón,
para encumbrarlo o denigrarlo,
que quiero saber la verdad
de este hombre y de este genio.
Quizá la verdad
esté hecha de oro y barro:
el barro de una naturaleza pobre,
enferma,
demasiado humana;
y en ese barro se encarnó
la chispa inmortal de su genio.

72

Una Cosa a la Vez

Un asunto cada vez.
Y no dejar que nadie me atropelle
con varios asuntos al tiempo.
Una vez resuelto el primero,
entonces sí, que venga el segundo.
Sobre la mesa un solo asunto
y los elementos necesarios para resolverlo.
Esta sencilla estrategia de trabajo
ofrece una gran paz.
Además de que no hay forma más rápida
de hacer muchas cosas
que realizando una por una.

73

DIOS Y LOS TUBOS

"Dios manda la lluvia,
pero no la entuba".
Quien así habla demuestra no poca ingratitud.
Los habitantes del desierto
no reclamarían a Dios los tubos
-pues ellos los pondrían-
sino sólo el agua que cae del cielo.
A México le sobra,
durante seis meses, el agua,
pero, como Dios no la entuba,
hay racionamiento los otros seis.

74

MOVER VOLUNTADES

Es una aventura apasionante
mover las voluntades de los hombres
hacia lo alto.
Persuadir es un arte de los más hermosos
y de los más útiles.
A través del ejercicio se facilita este arte
y se adquiere competencia.
La palabra es la fuerza del orador.
Y la palabra se ejercita
como el teclado en un piano
o un palo de golf.

75

NIÑO ETERNO

Para llegar a ser adulto
debo despojarme de las cosas de niño,
de los infantilismos del carácter,
de las inseguridades,
y vestirme de valentía y arrojo,
de fe adulta.
Pero madurez no significa
perder lo eterno de la juventud
y el entusiasmo y la alegría de vivir,
y la capacidad de amar, reír y cantar;
mi alma de niño jamás debo perderla
porque, entonces, habrá muerto
lo mejor de mí.

76

ENTUSIASMO ES VIDA

Si vibro de entusiasmo,
imposible que la rutina y el sueño
se aclimaten a mi vera.
Habrá oración en llamas,
como en el Paraíso,
a la a brisa del atardecer.
Estallará en mil pedazos
la pereza y la melancolía,
padres de la frustración.
El entusiasmo es llama que abrasa la paja,
látigo que golpea las pasiones viles,
es acelerador que obliga al motor
a su máximo poder.
Y eso es vivir.
Entusiasmo es vida.

77

CUANDO EL ENTUSIASMO SE VA

Cuando el entusiasmo viene a casa
es como abrir las ventanas
y contemplar un bello paisaje,
escuchar una música celestial;
es sentir vida en el alma.
Pero cuando el entusiasmo se va,
llega la noche;
y no la noche de luna y estrellas,
que ésa es una hermosa noche,
sino las nubes negras,
el frío y la niebla,
que obligan a cerrar las ventanas.

78

Fe Milagrosa

Siempre que tuve fe
como un grano de mostaza,
se realizaron las cosas.
Debo aplicar esta fe curativa
a mis enfermedades del cuerpo y del alma,
lanzarla como catapulta contra mis temores
hasta pulverizarlos.
Quiero sorpresas, revoluciones dentro de mí
y a mi alrededor;
aplastar mis pensamientos viejos
con el mazo de mi nueva fe.
La fe mueve montañas,
pero sólo las que uno se atreve a mover.

79

FRENTE AL MAR

Bajo unas palmeras de cocos,
frente al mar,
dejo a mi alma navegar
hacia las costas invisibles de la ilusión.
En esta playa
he plantado la tienda otras veces,
siempre contento de la mar,
de la brisa y de las palmeras.
Necesito regresar de vez en cuando,
porque, con frecuencia,
me perturban las crisis,
y el mar sabe curar.
A mí me cura de muchas heridas abiertas
con su brisa de sal y de palmeras.

80

Paz de Los Lagos

He venido a sentarme
en la misma piedra de otros tiempos,
a beber y aspirar la paz de este paisaje:
ante mis ojos tengo aquellas montañas
de suaves laderas y abruptas en su cima.
En el valle duermen
dos pueblos de tejados rojos.
Y el lago manso y sereno en el centro.
Más cerca de mí
los maizales de tallos altos,
ricos de esperanza, siguen creciendo.
Paz de los lagos...
Paz que ahora tengo,
y siempre quisiera tener.

81

PROPÓSITOS NO CUMPLIDOS

¡Cuántos propósitos están ahí,
quedaron ahí,
pero no se hicieron carne y realidad!
Un poco más de tesón,
un poco más de agallas, de pasión,
el continuar la guerra a pesar de todo.
Todos hemos sido santos
al menos un día.
El problema es
que, habiendo empezado tan bien,
nos cansamos en seguida.

82

UN HOMBRE NUEVO

¡Qué fácilmente habías olvidado
los grandes verdades de la vida,
qué dura caparazón de rutina,
inconsciencia y pereza
traías pegadas a la piel!
¡Qué miserable entraste
por la puerta de la casa de retiros!.
Cuando cruces de nuevo esa puerta
serás un hombre nuevo.
He visto a muchos hombres y mujeres
nacer de nuevo en un retiro.
Reto a los incrédulos
a repetir su experiencia.

83

¡Tú Puedes!

Es un crimen condenar a un ser humano
a la inseguridad,
al balbuceo,
al temblor permanente
mediante frases como éstas:
"Eres un inútil,
tú nunca llegarás a nada".
Bienaventurado el que rescata
de esas cadenas a un pobre pusilánime.
Dar pan a un pobre es acción hermosa,
pero dar valor a un tímido
es cien veces más misericordia.

84

UNA BARCA Y UNAS REDES

Se habló de los peces
que no se dejan atrapar...
Yo era un pescador bisoño.
Me dieron una barca y unas redes.
Delante de mí se extendía el ancho mar,
el océano azul, profundo, embrujado,
que encerraba en su seno
tantos misterios y esperanzas.
Salí a alta mar y eché mis redes,
y se fueron llenando de peces
del tamaño de mi fe.

85

SEGUIR INTENTÁNDOLO

Eres fácil para empezar
y tardo para concluir.
Te entusiasmas fácilmente
y con idéntica facilidad te desalientas.
Pero las metas, por lo general, se logran
luego de varios intentos.
Cosas que no conseguiste
ni a la primera ni a la segunda vuelta,
las lograste después de muchos esfuerzos.
Hay que seguir intentándolo,
si se quiere seguir triunfando.

86

LA CANCHA DE LA VIDA

Hay personas que no aceptan
perder un juego de frontón,
como si en la cancha se librara
una batalla terrible.
¿Por qué no luchan de la misma forma
en las lides grandes de la vida
y se resignan tan fácilmente a la derrota
en esos campos que son los que interesan?.
Si no aceptas la derrota
en la cancha de cemento,
¿por qué te resignas a perder
en la cancha de la vida?

87

TEMPLOS DE MARÍA

En el mapa del catolicismo
se levantan muchos templos
a la Asunción de María.
Quisiera haber colaborado
en la construcción de todos ellos,
al menos con alguna piedra;
y, todos los días,
renovar las flores que lucen frescas
delante de la imagen de María.
Si una mujer y una madre se merece rosas,
amor y veneración,
esa mujer y esa madre
es María.

88

Un Luchador

¿Qué hace un luchador verdadero?
Obliga a su pobre cerebro
a encontrar un camino;
se equivoca y se corrige;
pero no desiste, lucha, se desvela,
se cansa a ratos, se harta,
y quisiera tirar la toalla,
pero no está permitido.
Bebe la amargura de la derrota
o la lentitud en los avances.
Y vuelve otra vez y otra vez a la lucha,
hasta que atrapa la victoria.

89

ESCRIBIENDO

Escribir cuesta trabajo,
pero vale la pena.
Vale la pena escribir una página diaria.
No hay que desanimarse, porque días hay
en que nada viene a la pluma;
días en que uno no puede contar lo que sufre,
porque es un dolor para guardar.
¿Dónde aprendiste las letras?
"La fragua, amigo, el yunque y el martillo.
-me respondiste-.
Mira estas manos encallecidas,
mira el sudor en la frente.
A escribir se aprende escribiendo".

90

SUBIR

He empezado desde abajo
donde se mueven millones de seres;
pero he comenzado a escalar la cumbre,
y a medida que asciendo un poco más,
me encuentro con menos gente,
aunque más cultivada.
Y quiero seguir subiendo.
Ya somos menos.
Quiero encontrarme con menos hombres
cada vez,
más solitario,
porque, a medida que se sube,
quedan atrás los mediocres.

91

CUERNAVACA

Cuernavaca es un paraíso de flores,
de árboles y clima siempre feliz.
Su cielo sereno me serena a mí,
sus flores de mil colores
vuelven feliz a mi espíritu cansado.
Si te contara que me encuentro cobijado
a la sombra protectora
de un gigantesco laurel de la India,
que me roza la piel una brisa matutina y refrescante,
que siento la presencia del buen Dios
dentro de mí,
fuera de mí
y en torno mío...

92

SER SANTO

Ser santo
fue desde la infancia
mi sueño dorado.
Y en mi edad madura
ese sueño no ha muerto:
sigue siendo mi meta primera.
A veces parece que muere,
cuando me revuelco en mi sangre
con el ánimo partido,
pero me levanto muchas veces,
todas las que son necesarias
y lo vuelvo a intentar.
Mientras dure la vida
la esperanza está abierta y se puede.

93

HOMBRE NUEVO

Soy un hombre nuevo.
Hoy comienzo una nueva vida.
Estampa en mi alma,
como un sello indeleble,
tu divino beso.
Hazme disfrutar
del gozo inefable
de un hijo de Dios,
de un resucitado
que ha dejado en el sepulcro
los harapos,
la fea piel del hombre viejo.
Que muera en mí todo lo que deba morir
y que viva sólo aquello
que valga la pena de vivir.

94

AÑO NUEVO

Quiero vivir más y mejor,
quiero gritar más fuerte
el mensaje que llevo dentro,
quiero subir a una cumbre más alta,
quiero dejar atrás,
en el polvo y en la niebla,
las tristezas, fracasos, desalientos.
Este año es el mejor año.
Hoy es el día más bello,
Dios es hoy mejor padre,
mejor amigo,
mejor Dios para mí.

95

ALMA DE NIÑO

La vejez y los años
y la interminable cadena
de mis mediocridades
no han matado aún esa alma de niño
que ha sobrevivido a todo.
Desde lo más hondo de mi alma
aflora un deseo incontenible
de mirar y abrazar a ese Dios
siempre buscado,
querido y adorado por lo más mío.
Hoy quiere decirle ese niño,
que es lo más puro, lo más mío,
lo que aún no está podrido:
"Te amo, Señor, eternamente".

96

TE QUIERO ALCANZAR

Sé que tengo que luchar
la batalla definitiva
por alcanzarte, Dios maravilloso
de mis días felices
y de las horas fugaces, pero apasionantes
de mi vida buena.
Te quiero alcanzar.
Quiero decirte y gritarte
con la fuerza de un reo indultado:
Hoy comienzo una nueva vida.
Quiero vivir.
Ayuda mi vida.

97

QUIERO LUCHAR

Quiero luchar.
Quiero aceptar gozosamente la vida
como una batalla de todos las horas,
de todos los minutos.
Luchar de rodillas
arrancando la luz y la vida a Dios
en cada Eucaristía.
Endurecer el rostro a los vientos y lluvias,
soles y fríos de las noches.
Luchar por construir
con los cuatro viejas tablas de mi naufragio
un monumento al valor y al heroísmo.
La vida entendida como lucha,
tiene su encanto,
el encanto de la victoria ganada,
después de la ruda batalla.
El perezoso no sabe de esta alegría,

porque rehúye la lucha.
Pobre perezoso,
que arrastra por la vida
la cobija y el alma,
sin saber lo que es vivir
en plenitud.

98

SAL DE TU TUMBA

Al cruzar el umbral de esa cárcel
se abre ante mis ojos
un camino de luz y de esperanza.
Desde lejos una mano me hace señas
y una voz amiga
me grita con tono de mando:
"Sal de tu tumba, prisionero .
Eres libre.
Comienza el camino de la libertad,
del cielo,
de todo lo que no te dejaron realizar
tus antiguas cadenas".
Decídete a romper tus cadenas,
decídete a vivir en libertad,
con profunda paz en el alma,
con amor sincero en el corazón.
Sal de tu tumba, sal a la vida,

al amor y a la luz.

Así se vive mejor.

99

AMOR QUE HACE SUFRIR

Por amor me creó
y por amor sigo en este mundo.
Por amor...
Mi vida no ha sido sino un largo, paciente,
increíble camino de amor.
Pero no exigir del amado
que sea lo mejor,
sería indiferencia, lo contrario del amor.
Por eso es un amor que no deja en paz,
que hace sufrir.
No importa que ahora no sepa agradecerlo.
Quedará una eternidad en el cielo
para decirle mil veces:
¡Gracias!

100

Cruz sin Cristo

La cruz me asusta.
Su simple nombre de una sílaba
me abruma.
Pero es porque he luchado muchos años
con una gran cruz fantasma,
la cruz de mi fantasía,
una cruz sin Cristo,
la cruz enorme de toda una vida,
una cruz que no era la que Dios cargaba
amorosamente sobre mis hombros,
la cruz de mi rebeldía.

101

LA CRUZ QUE TE DAN

No te hagas el gigante.
Lleva la cruz que te dan,
no la que tú te fabricas.
Llévala con amor,
con mucho amor, y pesará menos.
Cuanto más amor, menos peso.
Y mira a la cima del Calvario.
De ese árbol bendito penden los frutos
que más ambicionas:
la salvación de muchos,
la salvación tuya,
el cielo eterno.

102

Te Esperan las Cumbres

La vida bien entendida es lucha,
es aventura
en la que se debe escalar la alta cima
con lo mejor del propio esfuerzo,
con todo lo que dé el alma y los brazos
y el corazón.
En marcha, pues.
Ármate de valor y fuego,
de hambre de Dios y de alturas.
Te esperan las cumbres.
Te espera Dios en la cima
para darte el eterno abrazo
de la victoria.

103

Sólo Unos Pocos

Está visto que para llegar a santo
tengo que pelear mil batallas
pequeñas y grandes.
Y admitir en el presupuesto
también derrotas y polvo.
No será fácil.
Nunca lo ha sido.
Por eso sólo unos pocos se arriesgan.
Quiero ser de esos pocos,
pagar el precio
y correr la aventura de Dios,
la sagrada aventura de los grandes hombres.
Me animan otros que, tan pobres como yo,
tan nada como yo,
supieron llegar.

104

DATE PRISA

A mis espaldas oigo ladridos de perros
que gritan:
"No podrás. ¿Para qué lo intentas?".
He decidido mirar sólo hacia adelante,
sólo escuchar una voz
y no dar un paso atrás.
Lo que has de hacer, hazlo ya.
Si quieres ser santo,
como tantas veces lo has dicho a los vientos,
date prisa.
No sea que te quedes con las ganas
y te vayas con las ganas,
como un mediocre más.

105

El Peso de Hoy

El ayer con sus luchas y esfuerzos
ya no me cuesta.
El mañana,
con lo que encierre de sorpresas,
aún no me pesa.
El peso de hoy es liviano, suave, tolerable.
Y así debe ser mi caminar por la vida.
Siendo fiel un día,
he sido fiel una semana;
semana que ya no pesa nada,
más bien ha fortalecido mis hombros
para seguir cargando el peso del día.
Se vive hoy.

106

DARÉ LA VIDA

Llegó a su final,
como el manso río a la mar,
el retiro de ocho días.
Poco a poco fueron engrosando su cauce,
hasta llegar repletos a la mar.
Daré la vida por mantener vivas
las verdades que allí me cimbraron.
Lo que allí fue verdad es verdad fuera.
Y el amor que allí encontré
es el amor de todas las sendas,
de todos los días:
es el amor eterno de Dios.

107

DISCIPLINA Y AMOR

Disciplina y amor
deben ir siempre juntos
en todas las tareas humanas.
Aferrarse decididamente
y sólo a la disciplina, normas y reglamentos
es ir perdiendo paulatinamente el espíritu,
el calor humano, tan necesario,
y el entusiasmo.
La letra, la disciplina se requiere,
no se puede sin ella.
Pero no basta.
La perfecta síntesis es letra y espíritu,
amor y disciplina.

108

Fiesta de la Ascensión

La Ascensión
clava nuestra esperanza
de forma inviolada
en nuestra propia felicidad eterna.
Así como Jesús el carpintero
ha subido con su cuerpo eternizado
a la patria de los justos,
así el mío y el tuyo
y el de todos los fieles subirá,
para nunca bajar,
para quedarse para siempre allí.
Llegar al cielo:
esa es mi meta, esa es mi cima.

109

Almas Inocentes

Pobres almas inocentes
que viven de sacramentos
y de amistad con Dios por un rato
y de juerga y disipación por otro.
Debe entablarse una guerra nada fácil
entre Dios y el mundo.
En alguna ganará Dios;
en otras no se ve claro
el desenlace.
Así andan muchos jóvenes por el mundo
a todos los vientos del mal,
como ovejas sin pastor.
¿Quién quiere rescatar
a uno solo de esos pobres desgraciados,
que vagan sin rumbo, sin amor?

110

Hombre de Fe

Ha habido breves instantes
en que quizás he llegado a tener fe
como un grano de mostaza
y ha habido resultados.
¡Qué poca gente se atreve a creer!
Por eso los hombres de fe
no tienen competencia;
logran todo sin que nadie se lo impida
o se lo discuta.
Quiero ser de esos pocos
que tienen fe
y que logran todo.

111

EL FAVOR MÁS GRANDE

El que logre levantarme la frente
y decirme,
con todo la convicción de su alma:
"Tú puedes",
me habrá hecho el más insigne favor.
Son tantos los enfermos de tristeza,
de pesimismo y temor,
que cada día encontrarás miles en tu camino.
Darles ánimo es divina misericordia.
El favor que a mí me han hecho
algunos insignes hombres
-de inolvidable recuerdo-
quiero hacerlo yo también a muchos,
a miles que caminan por ahí asustados,
tullidos de miedo.

112

Las Tres Divinas Personas

¡Qué seguridad da el tener,
como eternos huéspedes,
en la propia casa,
a quienes más me quieren,
a los más poderosos,
a los que se han propuesto llevarme al cielo,
hacerme santo,
convertirme en heraldo de su Reino!
Un Padre que no tiene par,
un Hermano mayor a quien le debo
muerte de cruz,
un Amor con mayúscula
que será el artista de mi santidad.
¡Qué seguridad!
¡Qué huéspedes tan divinos!

113

Un Solo Asunto

Cuando me siento a trabajar
tomo un asunto solo,
lo ataco decididamente a él solo,
concentro en él toda mi capacidad mental;
y cuando está concluido,
cierro la carpeta y tomo el siguiente
y hago lo mismo con él.
¡Qué fácil,
qué descansado es luchar, cuerpo a cuerpo,
con un solo enemigo!
En poco tiempo
todos los enemigos están derrotados.

114

NO VAMOS SOLOS

Caminando por la vida,
no vamos solos.
No podía darse mejor compañía
que la del Buen Pastor,
el Buen Dios, el Buen Amigo.
Él lo prometió:
"Yo estaré con vosotros todos los días".
El es el único bien verdadero,
el único bien perdurable,
el único amigo sincero,
el único amigo fiel.
Amigos como éste
sólo hay uno.

115

LOS MIEDOS DEL JEFE

Uno necesita hacer sentir seguridad
-como buen jefe-
a todos aquellos que trabajan a su alrededor.
Nada tan aterrador
como verle la cara de terror al jefe.
Uno piensa de inmediato
que, si el jefe tiene miedo,
razón habrá para temer.
Los súbditos no deben saber
los temores del jefe.
Él se los come solo.
Él ofrece siempre un rostro de seguridad.

116

GANA EL ESFUERZO

Si uno se duerme, le agarra el cansancio,
la polilla, los nervios
y, tal vez, el desaliento.
Hay que mantenerse alerta
y realizar el mejor esfuerzo,
justamente al final de la cuesta,
al final del partido.
Si no, puede suceder que entre dos rivales
gane el patito feo, por tesonero,
por agresivo, por valiente.
Muchas veces el esfuerzo y la lucha
han derrotado al talento.
Y el esfuerzo depende sólo de ti.
No se gana con el prestigio,
se gana con el esfuerzo.

117

EL PEREZOSO NO PIENSA

La pereza se resiste a salir de casa
y solo a puntapiés se va.
El hábito de pensar
y el hábito de hacer las cosas
por orden de importancia
son hábitos de vencedores
en los negocios del mundo y del espíritu ;
los perezosos no saben de ellos
porque son perdedores.
El perezoso no piensa.
Y, si lo hace,
no se atreve a un régimen de prioridades.

118

DURAR UNA SEMANA

El que puede lograr una meta,
o un propósito
durante una semana,
puede dos semanas,
puede tres, cuatro...
Así es posible durar un año
y toda la vida.
Pero, por desgracia, el empeño que se pone
durante la primera semana
no se pone en la segunda.
Y así no se puede durar.

119

DESDE EL DÍA DEL BAUTISMO

Desde mi bautismo soy hijo de Dios.
¡Qué verdad tan hermosa
y qué hermosura tan verdadera!
He sido templo del Consolador.
Y he sido y soy heredero
de la gracia más grande del mundo:
un cielo eterno.
Naciste para el cielo.
Vuela alto: no hagas tratos
con los sapos de los charcos,
sino con las águilas reales
que surcan los cielos.

120

EL FUTURO

El futuro es un camino
que gusto de andar,
porque me llena de esperanza.
Prefiero y decido mirar la vida
por el lado bello y fascinante,
que es el más verdadero.
Y de todo lo que no supe vivir
saco una conclusión:
volver a empezar, comenzar a vivir,
realizar lo que quise realizar,
llegar a donde quise llegar,
vivir, vivir en plenitud.

121

BUENOS LIBROS

A través de los libros vamos ganando
más y más amigos.
Sus escritos nos acercan a los autores.
La prueba de que son amigos
es que, si los vemos,
los saludamos con gran emoción,
como a viejos compañeros de la vida.
Pero lo mejor de esta amistad
es que los libros nos enriquecen,
nos hacen mejores,
y algunos nunca los dejaremos.
¡Cuánto debo yo
a algunos maravillosos libros!

122

SUFRIR Y ALEGRARSE

De ordinario las metas valiosas de la vida
producen dolor y alegría.
Cuando trabajo, tengo que sufrir,
cuando veo el resultado, lo disfruto.
Es necesario luchar y luchar.
Se pasa por ratos de hastío,
de ganas de dejar, de soltar, de huir,
de no ver claro el resultado;
Pero hay que seguir, a pesar de todo.
El que más sufre en el trabajo,
es el que más disfruta
de los resultados.

123

EL ARTISTA DE LA VIDA

Mozart podía componer una bella sinfonía
de un cantar tarareado por un campesino.
Un pintor, de un paisaje que todos ven,
realiza una obra maestra.
Un escultor extrae de una piedra
una estatua magnífica.
Los verdaderos artistas pasan por la vida
recogiendo pequeñas ideas,
canciones y piedras,
convirtiéndolas en obras maestras.

124

EL AMOR ES ASÍ

El amor es así:
Triunfa del mal
a base de paciencia y confianza,
a pesar de todas las pruebas.
El amargo sabor de la pólvora,
entiéndase el trabajo duro y diario,
produce resultados que saben a miel.
Esfuerzo y entusiasmo
son mis compañeros de camino.
¡Qué buenos amigos son!
Pero la estrella polar de mi vida
es el amor.
Porque el amor llega donde no llega la razón.

125

DEJAR DE EJERCITARSE

Si se deja de luchar,
se pierde poco a poco,
pero inexorablemente,
lo que se logró con ímprobo ejercicio.
Deja de ejercitarte,
deja de luchar,
y todo, todo, sin ruido, se fue.
Para destacar en un arte,
se requiere de ejercicio,
de ejercicio duro y persistente.
Dejas de luchar y se terminó el éxito.

126

SÓLO EL AMOR QUEDA

El amor verdadero
ha sido el protagonista
de lo poco o de lo mucho
que he realizado en este mundo.
Todo lo que no es amor arráncatelo,
quítatelo antes que te lo arranquen.
Porque con el paso de los días
te irás quedando sólo,
sólo con lo que de amor tengas.
¿Cuánto eres, cuánto vales?
Hoy mismo eres y vales lo que amas.
Al final de los finales,
cuando cruces la frontera hacia la eternidad,
te llevarás solamente el amor a tu Dios
y el amor a tus hermanos.

127

FORMACIÓN INTEGRAL

Si son piadosos nos parece poco.
Si son grandes apóstoles es insuficiente.
Si descuellan por sus valores humanos
aún no basta.
Se requiere una formación entera.
Todo el hombre:
la inteligencia, el corazón, la voluntad,
sin excluir los sentimientos y pasiones,
pasados por el taller del orfebre.
Así deben ser los hombres de Dios,
los que nos deben guiar
a la cumbre de la existencia humana
y a la vida eterna.

128

EL DÍA QUE ME RINDA

Estoy herido en las alas
y no puedo volar.
Esfuerzos hago, trato de levantar el vuelo,
pero todo se reduce a saltos, a brincos,
que terminan de bruces en el suelo.
Claro que no me resigno:
Todos los días comienzo,
todos los días emprendo de nuevo la lucha
por los grandes ideales,
y vuelvo a empezar.
Esto importa mucho.
Porque el día que me rinda,
habré muerto.
Dejar de luchar equivale a morir.

129

Querer en Serio

Ten cuidado con lo que deseas,
porque lo conseguirás.
Cuando siembras un fuerte deseo
de alcanzar una meta en un alma,
ella la conseguirá.
No habrá dificultades demasiado grandes.
Dará la sangre y la vida.
Con uñas y dientes peleará.
Pero nadie da la sangre ni la vida
por algo que se quiere a medias.
En la vida de cualquier ser humano
hay metas que se quieren en serio,
y metas que se quieren a medias.
Las primeras pueden hacerse realidad;
las otras van a la lista de sueños sin cumplir.

130

TRES FORMAS DE AMAR

En presencia de María,
madre de nuestro camino de perseverancia,
prometimos nuevamente
con alegría fresca y viva,
pobreza, castidad y obediencia:
tres promesas, tres cadenas,
tres formas de amar,
tres ofrendas
que sólo al Amor con mayúscula se pueden hacer
El Amor ha sido dueño
de parte de mi vida.
Sólo falta que lo sea hasta el fin.
He atado mi mano a la de Cristo
con triple cadena,
le he puesto candado
y he tirado la llave al barranco.

131

VOY A LAS CUMBRES

Tuve que florecer como cactus
en las arenas y en las dunas
y hacer amistad con las montañas rocosas,
sin árbol ni mata en sus laderas.
Algún que otro pino cobijó a su sombra
mis sueños de peregrino.
Amigo como he sido siempre
de las cumbres,
a las cumbres voy y en las cumbres me quedo,
para ver a Dios, si se puede,
un poco más de cerca.
Cuando bajo de la cima al valle
siento nostalgia de la montaña.
Desde la cumbre se ve el cielo más cerca
y se olvidan los cuidados de la ciudad.
Siempre que he subido a una montaña
he disfrutado hondamente los paisajes,

el río y el valle, los árboles de la altura;
he dejado a mi alma volar y soñar en el cielo,
en los grandes ideales,
en la persona de Jesús
que también era amigo de las montañas,
de las montañas que Él mismo creó
al principio de los siglos.

132

Profesión de Padres

Si ser padre y educador de unos hijos
es tarea tan excelsa,
no debiera nadie acometerla
sin dedicar horas y horas
a aprender a ser padre y madre,
a aprender a educar a sus hijos.
Siempre fue difícil educar,
pero hoy es más complicado;
porque la mala educación la aprenden
en la calle, en el cine, en la tele,
en la sala de fiestas...
Tus hijos te agradecerán mañana
mucho más que el dinero y los juguetes
los viajes y coches,
si les infundiste valores,
los valores inmortales.
"Mi padre y mi madre me enseñaron..."

Esta frase, dicha por un hijo adulto

vale muchísimo más que el oro.

133

CAVILACIÓN

Si la mente agarra un hueso,
como un can hambriento,
le dará vueltas y vueltas.
La cavilación que rasca y rasca la herida
provoca la sangre primero,
luego la infección
y aún la putrefacción.
Si ocupo las manos
en una tarea absorbente,
obligo a las tenazas de la cavilación
a aflojar la pinza,
y a relajar la tensión:
la mente es habilitada entonces
para ver los problemas con objetividad
y encontrarles solución.

134

MI PEQUEÑA PRIMAVERA

Los pensamientos tristes
han florecido en mi campo por hectáreas.
Nacen y mueren solos.
Pero plantar buenas flores
ha resultado ímproba tarea.
Mas han crecido algunas:
Son la pequeña primavera de mi jardín
en medio de los cardos, ortigas
y selva que lo circundan.
Mi pequeña primavera,
que yo puedo hacer eterna,
si eternizo mis flores.

135

RECONSTRUIR UNA SONRISA

Los pensamientos negros
hacen de una vida lo que ellos son:
una negra vida.
Ahora la tarea de vivir con entusiasmo
se torna más dura,
por haber dejado a esos potros salvajes
galopar por las praderas de tu pensamiento,
demasiado tiempo.
¡Qué difícil es reconstruir una sonrisa
donde ha cicatrizado la tristeza!
Pero sí se puede.
El simple sonreír es un valor.
Es preferible estar alegre por nada
que triste por algo.
No se puede reír y llorar al mismo tiempo.
El que sonríe ante la adversidad la ha vencido.

136

Lágrimas Inútiles

El agua salada que mana de los ojos
sirve sólo para limpiar el barro de la cara,
pero no para resolver los problemas.
Debes hacerte una terapia
de tus actitudes,
convirtiendo el pesimismo y sus secuaces
en alegría,
entusiasmo y esperanza.
Si tienes ganas de llorar,
sonríe.
Si tienes ganas de gritar,
reflexiona.
Si tienes ganas de odiar,
decídete a amar.

137

FIESTA DE LOS ENCARCELADOS

El dos de noviembre
es la fiesta y recuerdo de los encarcelados.
¡Cuántos reos del purgatorio escapan al cielo
cada dos de noviembre!
He visitado ese día muchos cementerios.
Allí he encontrado flores muy bellas y frescas,
colocadas con cariño junto al familiar difunto,
lágrimas sinceras en rostros dolientes.
He visto la imagen de Cristo, su cruz
en la cabecera de todas las tumbas,
un bosque de cruces.
He escuchado oraciones sinceras:
novenas, rosarios, el padrenuestro.
Dolor profundo, humano, limpio;
oraciones nacidas del corazón,
las más bellas flores del propio jardín.
Yo también he rezado oraciones sinceras

junto a algunas tumbas,
recordando aquellas sabias palabras:
"Una lágrima por un muerto se evapora,
una flor sobre su tumba se marchita,
una oración por su alma la recoge Dios".

138

SI TE CRITICAN

El primer golpe,
al escuchar el piropo o el reproche,
me cimbra.
Pero luego pienso fríamente
en lo que subyace de verdad o de mentira.
Si tienen razón lo aceptaré
y sacaré lecciones;
incluso me sentiré agradecido.
Si les falta razón,
me olvidaré y dormiré tranquilo.
No eres más ni eres menos
porque te alaben o te critiquen.

139

EL HOMBRE SIN ESPERANZA

El hombre desesperanzado tiene miedo,
miedo a los años que lleva encima,
contemplando un pasado que no le satisface,
miedo al presente,
porque se le escapa de las manos;
y miedo al futuro incierto,
del que nada puede adivinar
salvo que será más triste,
hasta que todo lo de aquí concluya,
como vela que se apaga,
y se apagó.
Si la tristeza y desesperanza
se apoderan de nuestra vida,
es porque no creemos que Dios es amor,
que nos ama como a hijos muy queridos,
y no creemos en una vida radiante de gozo.
Y con esto no quiero decir

que en la vida no exista el dolor,

la enfermedad, los contratiempos.

Pero el amor es más fuerte.

140

¡VIVAN LOS JÓVENES!

Gasté nueve años de mi vida sacerdotal
en una sección juvenil,
y pude ver que los jóvenes
tienen madera de apóstoles,
que saben entregarse,
cuando se les sabe motivar profundamente.
Faltan líderes de la juventud
que muevan a estos jóvenes
hacia metas elevadas
y mantengan su entusiasmo encendido.
El líder juvenil más grande,
el Papa Juan Pablo II,
esperaba mucho de los jóvenes
y les exigió heroísmo.
Resultado: Dos millones de jóvenes en Roma,
en el jubileo del año dos mil.
¡Vivan los jóvenes!

141

QUIERO QUE ESTUDIES

Para hacerme amigo de un perrito,
le doy de comer y le acaricio;
y el perro se hace mi amigo,
mueve la cola,
corre a mi encuentro
y me acompaña a todas partes.
Si quiero que un niño estudie,
¿qué hago?, ¿qué hacen muchos papás?:
Palo, amenazas y castigos;
le recalcan que es un tonto,
un flojo y un inconstante.
El niño se asusta, se lo cree
y, a lo sumo, estudia por miedo al castigo.
¡Qué pobre motivación!

142

LA CASCADA

El polvo era dueño del lugar
en Santa María de la Cascada.
Los árboles reclamaban las lluvias.
Turbia, muy turbia caía
el agua de la cascada,
en otro tiempo tan limpia y fresca.
Comí sabrosamente,
contemplando la montaña,
hablando con los árboles,
teniendo el oído atento
al murmullo del agua,
que se precipitaba por la cascada
y discurría mansamente por el riachuelo.
El agua es una de las criaturas más bellas
que Dios ha creado.
Agua bendita que lavas,
que sacias la sed, que riegas los campos,

agua que das la vida...

143

CUERNAVACA Y VALLE DE BRAVO

Contemplo el lago de Valle
y no me canso de admirar
su faz serena, llena de paz.
Quisiera copiar esa calma
para mi alma atormentada.
Ratos muy felices he pasado
contemplando los pinos y el lago
y las casitas diseminadas por el pinar.
Si pudiera escoger dónde vivir,
Cuernavaca y Valle de Bravo
se repartirían mis días.
Su clima, sus aguas, sus flores,
¡cuánto las quiero!

144

Noche Serena

Dormí como un bienaventurado
en medio del bosque.
La frescura del lugar
y el murmullo adormecedor de las aguas
que bajan por la barranca,
sirven de terapia
para la mente agitada por los ruidos
y el humo de la gran ciudad.
Ni un ruido extraño,
más que el del agua mansa
y el viento en los árboles.
Noche cerrada, noche auténtica,
aunque sin estrellas.

145

Corazón Sano

El corazón de un leproso
suele estar sano,
aunque su cuerpo
esté cubierto de heridas.
Mi corazón
es lo único que puede salvarme.
El amor, cultivado a toda hora
es mi ayuda, mi abogado,
mi única salvación...
Estoy por celebrar
la misa del Espíritu Santo,
el Amor de los amores,
junto a la cascada,
junto al agua de nieve
que baja de la montaña,
agua fresca, limpia, agua que enamora.

146

CANSANCIO

Voy a la montaña con el alma herida
de cansancio y sueño.
Es un cansancio emocional,
que baja hasta mis huesos de rocinante viejo.
Por culpa del egoísmo y mediocridad
que han crecido como hiedras
pegadas a mi piel,
chupándome la savia vital.
Le he pedido al Señor que me cure,
tengo la fe que se requiere para el milagro,
tengo un poco de voz
para gritarle, como Bartimeo:
"Hijo de David, ten compasión de mi".

147

MARCELINO PAN Y VINO

Se estrenó "Marcelino Pan y Vino"
el 18 de mayo de 1989
en el auditorio de Cumbres Lomas.
Sus artistas fueron los alumnos
de sexto de primaria de Cumbres Bosques.
Nunca me imaginé
a qué altura de dramatismo
serían capaces de llegar
estos traviesos alumnos.
Arrancaron lluvias de aplausos
y lluvias de lágrimas.
Niños, papás, abuelitos
se enternecieron ante esta obra.
También gritaron de susto
los niños de pre-primaria,
cuando llegó la tormenta.
Fray Papilla actuó como un artista de clase,

Fray Puerta tenía la pinta toda
de un frailecito ingenuo...
Pero Marcelino se lució como ninguno.
Era tan sencilla,
tan tierna e inocente su actuación,
que cautivó los corazones...
El 15 de septiembre de 1997
Marcelino recibía el uniforme de novicio
de la Legión de Cristo
en Santa María de la Montaña, Monterrey.
El Cristo del desván
le llamó consigo
para siempre.

148

SUBIR A LA CIMA

He amado la vida, el sol, las nubes,
el purísimo azul del cielo,
las montañas que estrenan manto verde.
He llorado, he gritado,
he golpeado con los puños esos años,
esos días en que no he vivido en plenitud,
días de talentos escondidos,
de cosechas mezquinas,
de amores pequeños.
Quiero salir al aire libre,
subir a la cima,
respirar a pulmón lleno el aire puro
y contemplar, con el alma extasiada,
los anchos horizontes,
mirar más lejos,
mirar el rostro de Dios
pintado en esos horizontes.

149

POR AMOR

Lo que con cariño se hace, no cuesta.
Si estudio con amor, si trabajo por amor,
si escribo con entusiasmo,
todo será diversión, no costará.
Procuraré en el futuro
rezar por amor, salvar almas con amor,
y así seré feliz a bajo precio,
¡Cuánto me han costado los deberes:
la obediencia, la caridad, la humildad,
porque no tenía amor,
porque andaba bajo de entusiasmo.
Hoy plantaré en mi jardín
las flores del amor eterno
para que no se marchiten jamás.

150

El Espíritu y la Carne

Puedes convertir la vida en un infierno,
un infierno verdadero.
Y puedes convertirla en un cielo de verdad.
Elige para el futuro lo segundo.
El cuerpo poco ayuda en esos asuntos
porque ya se dijo que la carne es débil.
Pero el espíritu está pronto,
es capaz de todos los milagros,
es capaz de amar apasionadamente,
de vibrar de entusiasmo,
de creer y de esperar sin límites,
de entregarse del todo y para siempre.
El alma es centella divina,
está hecha de espíritu inmortal,
de material divino:
No se cansa, no duerme, vive, grita,
pero está como encerrada dentro del cuerpo,

que a veces le impide salir.
El remedio lo dio Cristo
cuando dijo a sus discípulos:
"Vigilad y orad,
para no caer en tentación".

151

¡GRACIAS, POR VIVIR!

He encontrado sabor a las horas de estudio
y a las horas de trabajo,
estudiando y trabajando con entusiasmo.
He disfrutado mucho más los paisajes.
¡Qué luna tan bella lucía anoche
en el firmamento de Avándaro!
He vivido en un pequeño éxtasis.
La vida toda puede ser así,
si no me resigno a la tristeza y apatía.
Con entusiasmo
funciona mejor la memoria,
la sensibilidad se despierta,
me canso menos
y siento a mi mente rejuvenecer;
el corazón se llena de sangre joven
y late con más fuerza.

Vuela con vértigo el colibrí.
el capullo de rosal se abre a la luz,
el sol calienta y alumbra,
mana sin cesar la fuente.
Todos los seres son entusiastas,
destilan vida y alegría permanentes.
¿Por qué no aprendo del sol y del colibrí,
de la fuente y del rosal?
¡Amo la vida!
Y, cosa que hace tiempo no hacía,
me alegro de vivir
y doy gracias por la vida:
¡Gracias, Señor, por vivir!

152

CON MI MADRE

Vengo de estar con María.
Sencilla y cordialmente le he dicho:
"En tus manos de Madre dejo mis propósitos,
para que los conviertas en realidades.
Dame el amor a Jesús,
la alegría de vivir,
el deseo de ayudar a mis hermanos.
Quítame la seriedad de esa cara ceñuda,
y alégrame con la paz y confianza en Dios.
También pongo en tus manos mi trabajo,
mi vida y mi muerte.
Vivir contigo es dulcísimo consuelo,
morir en tus brazos la más dulce muerte.
Quiero vivir junto a ti.
Quiero morir en tus brazos".

153

PERSEVERANCIA

Aquí estás de nuevo,
dispuesto a seguir un camino
que has iniciado tantas veces,
y otras tantas has dejado.
Del retiro partes con la alforja llena;
pero pasan los días, pasan los meses...
y de pronto te encuentras roto, cansado,
con la alforja vacía.
¿Qué habrá sucedido?
En pocas palabras:
empezar cuesta poco,
y muchos se animan a hacerlo;
pero continuar cuesta algo más,
y los que siguen son muchos menos:
La mayoría se queda en la cuneta.
Concluir es de valientes,
y valientes hay pocos.

154

EN TU NOMBRE

Creo en mi nada unida a Cristo...
He sacado tantas veces las redes mojadas,
rotas, sin nada,
por sólo mirar a mis redes y a mi barca.
Pero ahora voy a mirar hacia Él,
seguiré sus órdenes,
y habrá pesca abundante,
como la hubo en las redes de un pescador de Galilea,
cuando dijo: -"En tu nombre echaré las redes"-,
y las redes se llenaron.
Yo también le diré: "En tu nombre..."
Y mis redes se llenarán de peces.

155

JUEGO DE FLORECITAS

Yo también, como mi fundador,
descubrí en una callecita de mi pueblo
el llamado de Dios,
con un juego de florecitas.
Fue un niño más grande
el que nos enseñó
la parábola de las almas que se van al cielo.
Han transcurrido muchos años
desde aquella fecha.
Las florecitas han ido apareciendo
a lo largo del camino de mi vida,
y espero que al menos algunas
hayan tomado la senda del cielo,
como las florecitas aquellas.

156

San Juan del Barrio

Hicimos un alto en la ermita
todos juntos, al atardecer,
para pedir con toda el alma
la gracia maestra de la perseverancia.
Luego entonamos el "Salve, Regina".
Siguieron las voces alegres de todos los presentes.
La bóveda se llenó de nuestros cantos y plegarias.
Salieron al recuerdo los mártires de Cotija,
la historia de Don Rafael Guízar y Valencia...
Tomamos refrigerio de tortas y refresco,
fruta y chocolates ricos
a la sombra de un bosque de eucaliptos.
Luego emprendimos el regreso a pie.
De ambos lados del camino
me miraban los campos verdes
y sobre la cabeza las nubes
deseosas de descargar aguaceros.

A medida que pasaban los minutos
me iba sintiendo más ligero
y con ganas de ser bueno.
Campos verdes de Cotija,
cielo azul y nubes blancas,
¡Qué feliz está mi alma
por haberos vuelto a ver!

157

SÓLO CON AMOR

De tanto llorar
se me han vuelto de piedra los ojos.
De noche, al acostarme,
lloro por esa fe que no tengo,
que no tengo y quisiera tener.
Una tarde escuché las palabras de un sabio:
"He aguantado y aguanto a los setenta años,
luchando, sufriendo lo indecible,
porque hay una fuerza que me sostiene en pie:
el amor.
Se lo digo por si les sirve".
El amor ha hecho y seguirá haciendo santos.
Sólo con un gran amor
puedo yo también seguir.
Sólo el amor me salvará.
Sólo el amor me hará santo.

158

TRISTE HUERFANITO

Pobre desvalido,
¿cómo te ha tratado la vida?
Amarga y miserable te la has hecho,
porque tú quisiste.
Reconoce tu error,
acércate a María.
Pídele perdón,
vuelve a tener una Madre,
triste huerfanito,
que sin Ella poco has podido hacer
en asunto tan serio como salvar tu alma
y la de otros.
Necesitas de una Madre para no morir,
para poder vivir,
para poder un día tocar a la puerta del Paraíso
y que Ella te abra.
¿Quieres ir al cielo un día?

Necesitas de Aquélla
que aplastó la cabeza de la serpiente,
pues esa serpiente aparecerá muchas veces
en tu camino al cielo.

159

AMO LA VIDA

Hoy resonaron en mis cansados oídos
palabras de primavera:
"Yo amo la vida;
amo el sol, las nubes;
amo las flores, las personas;
amo a esta vida.
Y me gusta sentirme libre,
para decidir cada mañana
amar a Jesucristo.
Y así siento mi amor fresco todos los días,
como a los dieciséis años".
¿Por qué no imitarlo,
repitiendo cada amanecer idénticas palabras?
Yo también amo el sol
y los campos y las flores.
Veo en ellos la sonrisa de Dios.
¿Por qué, entonces, el ceño fruncido,

la sonrisa helada, el corazón reseco?
Quiero vivir para amar,
quiero amar para vivir.

160

QUIERO VIVIR

¡Quiero vivir!
Suena extraño,
como si fuera el grito lastimero de un enfermo.
Se puede no estar en una cama de hospital
o en una silla de ruedas,
y, sin embargo, estar enfermo.
Fuiste muchos años
un tullido del alma,
un anciano del espíritu:
no tuviste juventud.
Aprende a vivir.
Alégrate de la salud,
de lo que eres y de lo que tienes,
que es mucho.
Siéntete feliz de lo afortunado que eres.
Atrévete a vivir una eterna juventud.

161

Hombre de Fe

Me llenó de alegría
escuchar a una persona:
- "Usted me enseñó a creer".
Porque yo no era un hombre de fe.
Yo era uno de ésos
que a todo le ven
lo imposible y difícil,
que me ahogaba en un vaso de agua,
y temblaba ante una meta difícil.
Ahora he crecido un poco en la fe,
y he decidido aumentarla
desde el día en que vi que funciona,
y que es cierto lo que dijo Jesús:
- "Nada os será imposible, si tenéis fe
y decís a este monte, sin dudar:
"arráncate de aquí y échate al mar".

161

El Amor es la Respuesta

El amor es la respuesta.
Amor apasionado,
amor gigante al Gigante del amor.
Si dejo de amar, nadie me salva.
Pero, si el amor vigila,
no hay por qué temer.
Por amor me levanto
y por amor me acuesto.
Por amor lucho y trabajo
y por amor descanso.
La oración me lanza al amor,
y el apostolado lo hago por amor.
Si el amor en mí es más fuerte que la muerte,
también yo podré gritar:
"¿Quién me arrancará del amor a Jesucristo?"
El amor, siempre el amor.
Es la única respuesta.

162

PAZ DEL ATARDECER

Me sumergí entero en la tarde serena, multicolor.
¡Qué tarde tan dulce!
Mirando desde la terraza hacia el valle,
podía contemplar las dos laderas verdes y amarillas
de césped y flores,
los árboles dormidos en el barranco,
las casitas a ambos lados del camino.
Más arriba, las montañas envueltas en bruma
y, más altas, las nubes en el cielo.
Ni una brizna de aire:
sólo la luz vespertina que se iba achicando
hasta apagarse del todo.
Paz... Paz del atardecer...
la paz que Dios infundió en estos cielos,
en estas montañas y valles,
en los atardeceres de Cuernavaca.

163

TERCER MILENIO

Date prisa,
si es que de verdad quieres llegar
a alguna parte.
Las oportunidades vuelan
como los años.
Decídete hoy.
Hoy comienza una nueva vida.
Decídete a los pies de este año viejo,
decídete al comienzo de un nuevo año.
No estamos acabando sólo un año,
ni un siglo,
sino un milenio:
vale la pena acabarlo bien.
Y comenzar el nuevo milenio
con la frescura y la pureza
de un santo.

164

CHAPALA

Mis ojos se lanzan hacia el horizonte,
ávidos de la luz,
del agua de Chapala
y de las montañas azules
que se juntan con el cielo.
Me ha sorprendido la maravilla del sol naciente,
iluminando de pronto el lago y las montañas
y todo el paisaje...
He contemplado extasiado la caída del sol,
detrás de las montañas.
¡Hay una paz en este lugar
que penetra hasta los rincones del alma!
El cielo es azul de verdad,
y las nubes que surcan el cielo
lucen limpias de smog.
¡Qué fácil es encontrar a Dios
en las noches de luna de Chapala!

165

UNA MAÑANA EN EL CAMPO

Me encanta la vida en el campo.
Son mis amigos los árboles,
las montañas, los lagos,
el sol y las estrellas;
los amaneceres y las puestas de sol.
Hasta los grillos nocturnos
y las mariposas
me llenan de alegría.
No quisiera perder esta simpatía entrañable
hacia esos emisarios de la gloria de Dios.
Son un libro abierto de las grandezas del Altísimo,
un salmo cantado con ritmo sonoro,
y con solos de violín o de flauta,
como son el jilguero y la tórtola.
La campiña me habla de Dios,
del Dios que alegra mi vida.

166

EL PINAR DE LA VENTA

Me agradó tanto celebrar la misa
en la iglesia del Pinar de La Venta,
a un lado de la carretera,
rodeada de robles y pinos.
Eran de madera su techumbre y ventanales.
Me sentía muy dentro
del silencio íntimo de la iglesia,
y dentro del bosque.
Recé los salmos y el rosario
a la sombra de los pinos,
en la paz dulce del pinar.
Y sentí, dentro y fuera de mí,
la cercanía de Dios:
el Dios de los bosques
y el Dios de las almas:
el que se construye iglesias
en la intimidad del espíritu,

y el que descansa en la quietud de los bosques.

167

Perdonar

Perdonar, de corazón,
es una terapia maravillosa,
así como el odiar
es veneno que amarga la vida
y la acorta.
Por desgracia muchas gentes
pasan los años llenas de rencor,
rencor que corroe sus vidas
y destruye su felicidad.
No saben el daño que se hacen:
¡Cómo amargan su existencia!
Los hombres que aprenden a perdonar,
aprenden también a ser felices.

168

PERSISTIR

Persistir, cuando ya no quiero seguir,
persistir, cuando todos dicen que es imposible,
persistir, cuando a mi alrededor
yacen caídos cientos que lo intentaron;
persistir, cuando el cansancio
ha hecho mella profunda en mi cuerpo...
Persistir hasta llegar,
sin dejarme manipular,
por nada ni nadie.
Y, una vez llegado a la meta,
gritar a todos los pesimistas:
-“¡Sí se puede!”-.

169

TENER FE

Unos pocos han querido creer en la fe,
y han aceptado el reto de Jesús,
descubriendo, con asombro y alegría,
que Cristo dijo la verdad:
que, si crees, puedes.
Yo soy uno de los que pueden asegurar
que la fe hace milagros.
Cuando he tenido fe, como un grano de mostaza,
se realizaron mis metas imposibles.
Por eso creo en la fe con todas mis fuerzas.
Creo en las palabras retadoras de Jesús.
Creo en las palabras sinceras
de los hombres de fe.

170

DAVID Y GOLIAT

Soy un David
con su honda y sus guijarros.
No poseo armadura,
ni escudo ni lanza.
Debo ir a la lucha
en el nombre del Dios de los ejércitos,
pues, de lo contrario,
de zagal no paso.
Y, con unas piedras de río en mi zurrón,
no iré muy lejos.
Pero, si voy en nombre de Cristo,
cada piedra de mi honda
puede derribar a un Goliat.

171

MARINERO DE DIOS

Creo haber luchado bravamente
contra la furia del mar y las tormentas.
Me he acostumbrado, como el marinero,
a ver en el mar un contrincante
difícil de domar.
Veinticinco años de luchar
han dado buenos resultados,
pero falta mucho por hacer.
El hombre de campo
mide su trabajo por las cosechas.
El hombre de Dios,
por las gavillas de almas
que lleva al Reino de los cielos.
¡Cuánta mies, cuántas almas me esperan
en el campo del mundo!
Déjame morir en el surco,
en el surco donde sembré en primavera,

y donde coseché en el estío.

172

PAISAJES

Sentado en una cerca de piedra,
desde la cual se divisaba todo el lago
y el cielo azul
y las montañas a lo lejos,
me quedé silencioso, solo,
festejando a mi alma
con aquel panorama sencillo, campestre.
Mis ojos contemplaban,
sin cansarse nunca de mirar,
aquel paisaje de ensueño,
a la luz declinante del atardecer.
En ese rincón del mundo,
tan quieto, tan saturado de paz,
estaba Dios.

173

MIS TAREAS

Predicar, celebrar misa y absolver
son tres actividades que me tocan
en rigor y por oficio.
Entonces, ¿por qué no dar a esa triple,
hermosísima tarea,
lo mejor de mis haberes y talentos?
La buena predicación mueve las voluntades,
y esto es arte divino.
Celebrar la Eucaristía
perpetúa en esta tierra la divina locura del Calvario.
Absolver es misericordia de primera necesidad
en este mundo pecador.

174

CIUDAD DE LAS FLORES

Fue un día lluvioso la primera vez
que me asomé a la ciudad de la eterna primavera.
Los campos lucían verdes y limpios por la lluvia.
Un vaho de nostalgia húmeda reinaba en el contorno.
Me dejó un sabor muy agradable,
sabor de clima templado y amable sol,
de montañas verdes, pobladas de pinos y robles.
Sabor de paz y de melancolía,
de luz y de alegría,
de serenidad.
He vuelto muchas veces.
Cuernavaca es siempre una ciudad de fiesta.
Por doquier se divisan flores,
en tal abundancia, colorido y variedad,
que bien bautizada está
como la ciudad de la eterna primavera.

175

TEQUISQUIAPAN

Rincón dulce lleno de recuerdos inolvidables,
que, con sólo tocarlos,
pueblan el alma de dulce melancolía.
Es invierno.
En el horizonte sin nubes va emergiendo
un sol decidido a calentar la entumida mañana.
Sube del río y de los pastizales
una niebla blanquecina,
al fundirse el rocío acumulado durante la noche.
Han pasado algunas horas...
Todo es cielo azul y todo luz.
Recuerdo de Castilla, mi tierra,
donde las noches son estrellas,
frescura y tranquilidad,
y donde los días son de azul y de sol.

176

ROMPECABEZAS

Fue una ilusión y una furia
acabar el rompecabezas.
Y lo acabamos.
Me tocó en suerte incrustar la última ficha
que ajustó perfectamente en el tablero.
El castillo, con sus montes cubiertos de pinos,
su lago de cristal y su cielo azul,
aparecieron ante los ojos triunfadores.
Y pensé:
-"Es hermoso acabar las tareas"-.

177

AMÉRICA CRISTIANA

Fecha memorable:
Juan Pablo II se hizo navegante del aire,
en dirección a Santo Domingo,
haciendo escala de devoción
en el Pilar de Zaragoza.
Vino a abrir las puertas del nuevo mundo;
puertas a medio cerrar
por el viento de los problemas sociales y religiosos
de cinco siglos.
Vino a decirle a la América católica,
lo que dijo en otra ocasión a la vieja Europa:
-" Sé tú misma, descubre tu identidad,
que no es otra que el cristianismo"-.
Y yo, misionero pequeño de este nuevo mundo,
voy a ejercer mi ministerio
en un retiro de jóvenes.
Pongo mi granito de arena

en la nueva evangelización de estos pueblos
del continente de la esperanza.

178

Teresa de Ávila

Fiesta de una santa grande, salerosa, de mi tierra.
Teresa de Ávila, que supiste juntar
la santidad más sublime
con la gracia y donosura de tu tierra castellana,
¿tendrás para mí
algún rescoldo de tu ingente hoguera
para incendiar de amor y de pasión mi alma fría?
Teresa del Carmelo y del castillo interior,
monjita andariega de los caminos de España,
fundadora de conventos de reforma y penitencia,
águila mística de las alturas celestes,
acuérdate de los que por esos caminos
transitan con el alma en pena
fatigados del polvo, del sudor,
del hambre de Dios.

179

TODOS LOS SANTOS

Fiesta de todos los adalides del cristianismo:
los que lograron lo único necesario,
los que dejaron pasar lo pasajero
y se quedaron con lo eterno.
Los felices, los eternamente felices,
¡Qué santa envidia!
Señor, que les imite;
que yo también me arranque de lo vano y falaz,
y que me aferre a los valores eternos.
Ser santo es posible para mí,
como lo fue para ellos.
En este mismo instante hay hombres y mujeres
que se están haciendo santos.
¿Qué harás Tú?

180

PAZ DE TEPEJI

Se ha puesto el sol en Tepeji
y el fresco vespertino
ha invadido el pequeño valle
donde se encuentra nuestra casa de vacaciones.
A unos metros se desliza
el río manso y silencioso.
Sombrean sus orillas añosos árboles
que dan grandiosidad a la escena.
Suenan campanas del atardecer.
Aún es azul el cielo,
con escasos jirones de nubes blanquecinas.
Oigo el alboroto de los gorriones
en las copas de los álamos
y las esquilas de un rebaño de ovejas
en la colina de enfrente.
Pero reina la paz
alrededor mío y dentro de mí.

¡Oh amable, deseada paz,

nunca te alejes!

181

LA CAMPIÑA

Siento la campiña como una madre.
¡Me siento tan a gusto
en el regazo de los campos...!
Tras la loma vecina se asoma un sol festivo,
pero sencillo, para decirme:
-"Aquí estoy para besar la tierra de nuevo,
el río y las mejillas de los hombres"-
¡Gracias, buen sol, que siempre estás ahí
en una cita de calor y de alegría!
Cuando tú llegas, todo cambia:
se iluminan las cosas
y las almas de los hombres.
Busca los lugares con sol,
huye de las sombras.

182

Noche Serena

¡Qué noche tan serena, tan luminosa!
Un cielo limpio, media luna brillante, pura,
alumbrando los caminos blancos de la fronda;
y pocas estrellas, pero muy lucientes.
Salí a la noche de luna y estrellas:
noche clara, refrescante.
De buena gana me hubiera quedado,
dentro de la noche tranquila, sin dormir,
nada más mirando la belleza de las cosas,
a esa luz de la luna en cuarto creciente.
La paz que la noche tiene la anhela mi alma.
Quisiera poseerla sin estorbos, sin final.
¡Oh noches claras, noches de Castilla,
noches de Tepeji, serenas,
cuantos mensajes de Dios me traéis!

183

VIERNES SANTO

Todo el día dedicado al dolor de Cristo,
al amor eterno.
Amor se escribe con sangre:
sangre, amor y dolor de mi Redentor.
Les digo a mis ojos que, si quieren llorar,
lloren a mares, que buena falta les hace,
y produce frutos santos en el alma agradecida.
Aquel Viernes Santo
Cristo besó el suelo podrido de mi alma
y no sintió náusea.
Yo tengo que besar
sus llagas benditas
para curar la lepra de mi alma.

184

NAVIDAD

La fiesta del nacimiento de Cristo
llenó el alma de villancicos, de paz,
de salvación recién estrenada.
Los ángeles cantaron alegres,
y quisieron que el hombre cantara también.
Pero el hombre no quiere cantar,
no sabe reír,
porque no acepta a Dios en su vida.
Yo quiero cantar,
yo quiero brindar de alegría sin fin
por el ser que más me ha querido.
Sólo en el cielo sabré dar las gracias,
como merece, a mi Redentor.
Para mí ha venido, para mí ha nacido.
De Belén arrancan todos los caminos
que llevan a la felicidad.
También el mío.

Y hay una estrella en el cielo
que ilumina ese camino,
y que un día se detendrá definitivamente
en otro lugar: el cielo.

185

OTRA VEZ, CUERNAVACA

Cuernavaca es una ciudad encantada.
Su clima me envuelve en una atmósfera
de paz y ternura y auténtica felicidad.
Sus jardines exuberantes de árboles y flores:
sus aguas cristalinas, su cielo y sus estrellas,
los llevo en el corazón.
Recuerdos vibrantes de paz y nostalgia
duermen en mi alma,
y despiertan alegremente cuando vuelvo a ella.
¡Qué felices los días en Cuernavaca!
Son medicina que cura de malestares,
enojos y cansancios.
Todas las penas acumuladas en el año viejo
aquí desaparecen.
Lleno mis pulmones de aire más puro;
mi alma de luces y anhelos nuevos;
y mi corazón lo lleno

de gratitud y amor sin límites

al Dios que hizo con sus manos

tantas cosas bellas.

186

ROSARIO AL ATARDECER

El paseo por aquella terraza
me introducía en la tarde bondadosa.
Mis ojos se marchaban a las pacíficas nubes
de la tarde gloriosa;
volaban hacia los árboles con temblores de vientos,
y el alma se iba más lejos,
queriendo coger, en sus manos invisibles, la paz,
la sublime paz de Dios.
Soñaba y soñaba,
creyendo que los sueños son reales,
como las nubes y los árboles,
y como la luz vespertina.
A veces mi paseo por la terraza solitaria
era una íntima conversación con la Virgen
a la orilla de los eucaliptos,
desgranando el rosario.
Recé los salmos de la Biblia

en una banca de piedra del jardín,
rodeado de los pájaros, de los árboles,
de las flores silvestres,
sintiéndome por un momento
en la dulce paz del Paraíso.

187

CURSILLOS

Las horas se van cargadas de charlas, absoluciones, eucaristías y orientaciones morales.
Horas hermosas de motivaciones,
de siembra de ideales sublimes
en tantas vidas en flor de juventud.
Cuanto más trabajo se me pide,
más llenas se van mis arcas con las gracias de Dios.
Estos cursillos tienen un algo
que los hace felices, fructuosos, deseables
para el sembrador de ideales.
No se pueden marchar del recuerdo
los días aquellos,
los maravillosos encuentros
con el Dios de mis días de gloria,
con el Dios que volvía felices
a cientos de almas juveniles.

188

MI JORNADA

Muchas de mis jornadas son así:
encender el coche,
arrancar raudo hacia los campos de labor,
a los surcos donde crecen
tantas almas en flor;
abrir las manos sacerdotales
y repartirles a Dios en forma de absoluciones
y de pan de los ángeles;
curar heridas, resucitar muertos;
enderezar el timón de muchas vidas jóvenes:
llevarlas a Jesús.
Hoy, como tantos y tantos días,
realicé mi humilde pero grandioso oficio,
de ser otro Cristo en la tierra.
Por la noche regreso a la casa:
el cuerpo cansado,
pero el alma encendida.

189

ESTRENA LA VIDA

Cada día es irrepetible.
Cada día estreno sorpresas y aventuras,
estreno la alegría de vivir.
Entonces, disfruta de la vida,
como quien comienza y estrena la vida,
la fabulosa vida de los hijos de Dios.
¡Vive hoy solamente!
Disfruta los momentos que tienes en las manos,
utilízalos lo mejor que puedas,
ama cuanto dé tu corazón,
sé más bueno que ayer,
y prepárate para ser mejor mañana.
Te queda un camino largo, hermoso.
Llena los pulmones de aire puro,
el espíritu de ilusión y entusiasmo;
y echa a andar, juglar de Dios.
En tu equipaje llevas alegría y esperanza ilimitada.

Tu horizonte se ensancha hasta el infinito.

Deja huella...

Coge la mano del que sigue detrás de ti.

190

ALEGRÍA DE VIVIR

Si vas a vivir, pues vive.
Que se vea a todas luces que te alegras de la vida;
que agradeces al donante, con toda tu alma,
el pasear por este mundo,
el vivir en sus casas, recorrer sus senderos,
contemplar sus cielos con estrellas,
admirar sus flores y escuchar los trinos de sus aves.
Ayuda a tus hermanos a vivir
una vida en plenitud.
Ríe, canta, corretea
como un niño por los campos,
ama como el más enamorado;
sé feliz en los amaneceres luminosos
y en los atardeceres encendidos...
¡Gracias, Dios mío, por haber nacido
y ser hijo tuyo!

191

MI DENARIO

De mañana, imparto un retiro vibrante
a un grupo de almas jóvenes:
una siembra más en la tierra de Dios.
Él regará y la hará germinar,
y, al final de la jornada,
depositará en mi mano encallecida
el denario que su bondad me ha prometido.
Soy obrero de la primera hora,
he aguantado el peso y el calor de toda la jornada.
Pero no siento, sobre mis espaldas,
un peso abrumador.
Contemplo sobre mi cabeza
estrellas en noches serenas.
Llevo en mis pupilas pintados horizontes bellos.
Sostengo en mis manos felices
las primicias del amor de Dios.
No me arrepiento, a mis años,

de haber sido contratado para trabajar
en la viña de tal Señor.

192

MIS ALMAS

Deben ser ya cientos
las almas que han recibido de mis manos
el crucifijo, la Biblia y la hoja de sus compromisos.
Recuerda a cada una, Señor,
que ese Cristo es su vida,
que esa Biblia es el canon de la felicidad,
y que en esa hojita de promesas
está pintada la ruta para llegar al puerto.
Hoy te pido, Señor,
la abundancia de tus gracias
para cada una de esas almas buenas:
las de México, las de Chile, las de España.
Siento un deber con cada una,
pues tú las pusiste en mi camino
para transmitirles tu mensaje.
Dondequiera se encuentre cada una,
dales, de mi parte, un divino regalo

que les acerque a Ti para siempre.

Son ellas mis almas, Señor,

no lo olvides.

193

EL TIEMPO

No se puede detener el tiempo,
pero sí se puede obtener cien por ciento
de cada minuto, de cada hora, de cada día.
Y así, el tiempo se va,
pero queda la cosecha de eternidad
que en su paso conseguí.
Se puede y se hace el matar el tiempo,
tirarlo, dejarlo pasar sin más;
y también se puede transformar el tiempo
en elemento eterno,
que pasa las fronteras con visa de Dios.

194

Abuelitas

Misa de abuelitas, pobrecitas,
un recuerdo para ellas,
unas palabras encendidas.
Tenerlas en cuenta,
hacerles sentirse útiles,
produjo el efecto de un milagro:
cupo lleno,
rostros, a la salida, algo más rejuvenecidos,
menos serios y dolientes.
Yo les digo, abuelitas,
que se pueden llevar
muchos años a la espalda,
pero se puede rebosar de juventud en el alma,
de alegría en el corazón.
Sonrían, abuelitas, a sus hijos,
a sus nietos, a este mundo triste
que ya no sabe sonreír.

195

EN LLAMAS

Lo mejor que pude y supe
les di el retiro.
Al intentar calentar,
yo mismo me fui abrasando,
con el paso de los minutos.
Y pensar que, tiempo atrás,
era una luciérnaga,
un niño asustado,
Pero yo también escuché,
como Lázaro, un día,
la potente voz del Nazareno:
-"Sal fuera"-,
y hoy camino por las calles,
de retiro en retiro,
de ciudad en ciudad,
de colegio en colegio,
encendiendo hogueras en los corazones.

196

REGLAS DE ORO

Me arriesgué a seguir
aquellas dos reglas de oro:
Prioridades y un asunto a la vez.
Resultado excelente.
Ya sólo falta seguirlas siempre,
y así los anhelados frutos
serán siempre magníficos.
Todas las reglas de oro
y los propósitos mejores
tienen un desafío:
¿A que no nos cumples más de una semana?
Los grandes hombres son
aquellos ordinarios que aceptan el reto y ganan.
¿Puedes tú? ¿Aceptas el reto?
Apuesta y gana.

197

JUVENTUD DEL ALMA

Me siento muy contento,
y bastante sorprendido,
experimentando
dentro de mi vieja piel,
la juventud que no tuve,
cuando era la hora.
Hoy vivo la primavera del alma,
y tengo las risas que fueron
tormento interior.
Hoy disfruto de la vida
y de las cosas que no disfruté.
Hoy tengo el derecho,
y el firme propósito,
de vivir hasta el final
una inmarcesible juventud.

198

EN EL COLEGIO

Ayer arengué a las niñas de quinto y sexto;
hoy, a las de cuarto.
Siempre la gracia
asume el protagonismo
y da sus agradables sorpresas.
A lo largo de muchos años,
después de entrar en sus oídos tantos mensajes,
se logra, en mayor o menor grado,
un giro vital hacia Dios
y hacia sus leyes de vida.
La gracia va quedando,
como un sedimento,
que a su tiempo actúa:
-"Lo oí en el colegio,
cuando era niña"-.

199

EL PASO DE DIOS

Desde muy temprano, como siempre,
se hizo patente el amor de Dios.
Comenzando por estrenar un día,
que llamarlo maravilloso sería poco:
azul purísimo el cielo,
brisa fresca, que agitaba las hojas nuevas
de un verde brillante.
La vida y el corazón de Dios
palpitaba en las buganvillas rojas y moradas,
y en los capullos que reventaban en rosas de púrpura;
en los prados cuidados y frescos,
en el sol que todo lo llenaba de encanto y color.
Pero, si la naturaleza estaba de fiesta,
más lo estaba el alma
y se acordó con cariño del buen Dios
que, "mil gracias derramando,
pasó por estos sotos con presura,

y yéndolos mirando,
con sola su figura
vestidos los dejó de su hermosura".

Otras obras del mismo autor:

LIBROS EN INGLÉS:

* Shower of Roses
* The Four Seasons
* Reflections of Today

LIBROS EN ESPAÑOL:

* Lluvia de Rosas
* Matrimonios Felices
* Las Cuatro Estaciones
* Hacia las Cumbres
* La Alegría de Vivir
* Reflexiones de Hoy
* De Paso por la Vida
* Jesús Mi Amigo
* Dios te Habla

DVD'S EN ESPAÑOL:

* Agua de Nieve
* Viaje a Tierra Santa
* Sendas de Felicidad
* Matrimonios Felices e Infelices

AUDIOS EN ESPAÑOL:

* El Rosario, Plegaria Sublime (Misterios de cada día, en voz del P. Mariano de Blas, L.C.)
* Palabras de Vida Eterna
* Las Cinco Mejores Conferencias
* Matrimonios Felices
* Familia sé tú Misma

* El Rosario, Lluvia de Rosas
* La Alegría de Vivir
* Quiero Vivir
* El Pan de Vida
* Juan Pablo II, Inolvidable
* Las Cuatro Estaciones
* Familias Felices, Familias Infelices
* La Magia del Entusiasmo
* Te he amado demasiado, como para no odiarte
* Lo que nunca te han dicho, mujer
* Mamá, me gusta que seas así
* Oraciones a la Virgen María
* Oración de San Francisco
* Himno a la Caridad
* Juventud del Alma
* La Eucaristía
* Pensamientos de Motivación I
* Pensamientos de Motivación II
* El Dulce Huésped del Alma
* Dios Mío, te Amo
* Un Día en Nazaret
* Atrévete a Creer, Esperar y Amar en grande
* Ayuno y Tentaciones de Cristo

SERIE CALIDAD DE VIDA (7 CD's)

1. Actitud Positiva
2. Puedes, si Crees que Puedes
3. Quiero, Capacidad de Decisión
4. La Magia del Entusiasmo
5. Perseverancia en los Propósitos
6. El Amor Como Motor de la Vida
7. Mentalidad de resultados.